lonely planet



# 美国
# 66号公路自驾

自驾指南
系列

本书作者

卡拉·兹默尔曼（Karla Zimmerman）
艾米·波福尔（Amy Balfour）
纳特·卡瓦列里（Nate Cavalieri）

中国地图出版社

# 如何使用本书

**所有的条目** 都以作者的推荐程度排列，他们最喜欢的排在最前面，除了：

**景 点** 按照合理的地理位置排列，在同一片区内依然按照作者的推荐程度排列。

**就餐和住宿** 按照价格区间（经济、中档、高档）排列，在同一价格区间内依然按照作者的推荐程度排列。

## 以下符号能够帮你找到所需内容

- 最佳建议
- 餐饮
- 你也可以（跳转自驾线路）
- 户外活动
- 当地人声音
- 最佳摄影点
- 另辟蹊径
- 步行游览
- 历史和文化
- 就餐
- 适合家庭
- 住宿

## 地图图例

### 道 路

- 旅游线路
- 另辟蹊径线路
- "你也可以"线路
- 步行游览线路
- 收费公路
- 高速公路
- 一级公路
- 二级公路
- 三级公路
- 小路
- 未封闭道路
- 购物中心/商业街
- 台阶
- 隧道
- 步行天桥
- 小路

### 境 界

- 国界
- 一级行政区界
- 悬崖

### 行政区划

- 首都、首府
- 一级行政中心、重要城市
- 城市/大型城镇
- 镇/村

### 交 通

- 机场
- 缆车/索道
- 停车场
- 铁路/火车站
- 有轨电车
- 地铁

### 线 路

- 1 线路编号
- 9 线路站点
- 步行游览
- 另辟蹊径

### 高速公路路标

- 97 美国国家高速公路
- 5 美国州际高速公路
- 44 州内高速公路
- 99 加利福尼亚州内高速公路

### 水 系

- 河流、小溪
- 间歇河
- 沼泽
- 运河
- 湖泊
- 干/盐/间歇湖
- 冰川

### 地区特征

- 海滩/沙漠
- 基督教墓地
- 其他墓地
- 公园
- 森林
- 保护区
- 一般景点（建筑）
- 运动场所

注：并非所有图例都在此显示。

- 景点
- 住宿
- 海滩
- 就餐
- 活动
- 饮品
- 课程
- 娱乐
- 团队游
- 购物
- 节日和活动
- 实用信息和交通信息

### 这些图标可以帮助你迅速找到以下重要信息：

- 电话号码
- 素食食品
- 营业时间
- 英文菜单
- 停车场
- 适合家庭
- 禁止吸烟
- 允许携带宠物
- 空调
- 公共汽车
- 网络接入
- 轮渡
- 无线网络
- 轻轨
- 游泳池
- 火车

# 目录

## 计划你的行程



## 自驾线路



## 在路上

66号公路上的摩托骑士，加利福尼亚州

BILL DICKINSON / GETTY IMAGES ©

# 欢迎来 66号公路自驾

若是想要体验一次经典的美国公路旅行，没有什么能够和"老当益壮"的66号公路相提并论。这条路串联起了一些小城镇的主路以及乡间的偏僻小道，于1926年首度将大城市芝加哥与棕榈树摇曳的洛杉矶连接起来，被小说家约翰·斯坦贝克（John Steinbeck）亲昵地称为美国的"母亲之路"。

无论你是想要一探令人怀旧的美利坚，还是仅仅想一览一望无际的地平线，并领略远离疯狂人群令人心醉神迷的景色，66号公路都会一一为你呈现。你将在伊利诺伊州和当地农民混在一起，在密苏里州邂逅乡村与西部音乐的明星；你会在俄克拉何马州听到关于牛仔和印第安人的传奇故事；你还会拜访美洲原住民的部落以及遍布整个西南地区的当代印第安人村庄，同时你将了解美国原住民的传统生活。之后，跟随着矿工和亡命之徒的脚步，你将深入古老的西部。道路的尽头是加利福尼亚州南部被阳光亲吻的太平洋海滩。

# 66号公路

3
66号公路西段
慢吞吞地穿越沙漠，再掠过复古的标志进入洛杉矶。
3～4天
CANADA
加拿大
Havre
Helena
MONTANA
蒙大拿州
Crow Indian Reservation
IDAHO
爱达荷州
Yellowstone National Park
黄石国家公园
Wind River Reservation
OREGON
俄勒冈州
Redding
CALIFORNIA
加利福尼亚州
Yuba City
Carson City
卡森城
Great Salt Lake
大盐湖
Ogden
Salt Lake City
盐湖城
Santa Rosa
圣罗莎
Sacramento
萨克拉门托
UTAH
犹他州
San Francisco
Manteca
圣弗朗西斯科(旧金山)
Inyo National Forest
Capitol Reef National Park
Rio Grande National Forest
Monterey
Salinas
Sierra National Forest
NEVADA
内华达州
Death Valley National Park
死亡谷国家公园
Colorado River
科罗拉多河
Sequoia National Forest
红杉国家公园
Ridgecrest
Glen Canyon National Recreation Area
Navajo Indian Reservation
纳瓦霍印第安保护区
Oatman奥塔曼
Needles尼德尔斯
Los Angeles
洛杉矶
Santa Monica
圣莫尼卡
Santa Ana
Long Beach
长滩
ARIZONA
亚利桑那州
Kaibab National Forest
San Carlos Apache Indian Reservation
Salton Sea
Phoenix
菲尼克斯
Casa Grande
Gila Wilderness
San Diego圣迭戈
Tijuana
Mexicali
墨西加利
Yuma
San Luis
Sonoyta
Tohono O'odham Indian Reservation
El Paso
PACIFIC OCEAN
太平洋
Gulf of California
加利福尼亚湾
MEXICO
墨西哥
Chihuahua
Rio Grande
5
15
40
70
80
10

Thunder Bay
Lake Superior 苏必略湖
Minot
Williston
NORTH DAKOTA 北达科他州
MINNESOTA 明尼苏达州
Jamestown
Bismarck
Aberdeen
St Paul
WISCONSIN 威斯康星州
Watertown
Cheyenne River Indian Reservation
Lake Oahe
SOUTH DAKOTA 南达科他州
Brookings
MICHIGAN 密歇根州
Pierre皮尔
Milwaukee
Lake Michigan 密歇根湖
Madison
1
66号公路东段
从芝加哥到俄克拉何马州，一路上都有奇奇怪怪的路边景点和友好的城镇。
5～7天
IOWA 艾奥瓦州
Dubuque 迪比克
Rockford
Chicago 芝加哥
Cedar Rapids
Davenport
ILLINOIS 伊利诺伊州
INDIANA 印第安纳州
Des Moines 得梅因
Peoria
NEBRASKA 内布拉斯加州
Lincoln 林肯
Springfield 斯普林菲尔德
Indianapolis 印第安那波利斯
MISSOURI 密苏里州
Hoosier National Forest
Topeka 托皮卡
Kansas City 堪萨斯城
St Louis 圣路易斯
Henderson
Jefferson City 杰斐逊城
KENTUCKY 肯塔基州
Lamar 拉马尔
KANSAS 堪萨斯州
Mark Twain National Forest
TENNESSEE 田纳西州
Osage Indian Reservation
Springdale
Jackson
OKLAHOMA 俄克拉何马州
ARKANSAS阿肯色州
Corinth
Memphis 孟菲斯
McLean
Fort Smith
Tupelo
Oklahoma City 俄克拉何马城
Ouachita National Forest
Little Rock 小石城
Amarillo 阿马里洛
Hot Springs
MISSISSIPPI 密西西比州
ALABAMA 亚拉巴马州
Red River 雷德河
Lubbock
Meridian
Vicksburg
Jackson
TEXAS 得克萨斯州
Dallas达拉斯
LOUISIANA 路易斯安那州
Natchez
Hattiesburg
Odessa
Waco
Baton Rouge
Killeen
New Orleans
2
66号公路中段
在得克萨斯州、新墨西哥州和亚利桑那州的母亲之路，沿途观赏庸俗华丽的风景。
5～7天
Houston
Gulf of Mexico 墨西哥湾
Laredo
55
35
80
44
40

# 66号公路

# 沿途亮点

**图克姆卡里**（上图）拥有66号公路上保留最好的一段，数十个霓虹标志缤纷闪烁。**见线路** 2

**Munger Moss汽车旅馆，莱巴嫩**（右图）这家拥有独特氛围的汽车旅馆在超过40年的时间里已笑迎无数路过的旅行者。**见线路** 1

**圣莫尼卡**（左图）这里是终点站：在由芝加哥启程2400英里之后，66号公路在洛杉矶海岸沿线的郊区画上休止符。**见线路** 3

ALAN COPSON / GETTY IMAGES ©

# 城市速览

芝加哥市中心

## 芝加哥

**"风城"那高耸云霄的建筑物和临湖的沙滩所带来的震撼将会把你"掀翻"。高雅和低俗文化在此相得益彰且并驾齐驱，毫无扭捏做作之感。逛逛世界级的博物馆，在地标性的剧院里欣赏舞台剧，或是一探休闲的蓝调俱乐部以及满是涂鸦的比萨饼店——在"芝城"它们同样被人们喜爱着。**

### 当地交通

在芝加哥布局良好的街道网络上车开不快，但也不会太拥堵——除了Loop区周边。如果你探访的是市中心和其他可以通过轨道交通线路"El"到达的邻近区域，那这一天就将自己的车停一边，选择徒步出行吧，或是搭乘城市列车（或公共汽车）。

### 停车

酒店隔夜停车以及城市停车场收费昂贵。相比市中心周边，路边计时的停车处在偏远一些的邻近区域更容易找到，但却不一定便宜（偶尔在某些居民区停车是免费的）。

### 去哪儿吃

必尝之物包括芝加哥式热狗、意大利牛肉三明治和厚比萨饼。明星大厨们开的餐厅位于Loop区西部和North Side区。想要体验咖啡馆、小酒馆、美食酒吧等混搭在一起不拘一格的风情，可以在Wicker Park、Bucktown及Andersonville一带找找看。

### 住在哪儿

住在Loop区可以利用便利的轨道交通线路"El"出行，在Gold Coast区能够感受奢华，或是在Near North区的精品和高端酒店寻找一些折扣。想要更为与众不同的住宿体验，可以选择在诸如Wicker Park这样时髦的邻区订一家民宿。

### 网络资源

**Choose Chicago**（www.choosechicago.com）官方的游客信息网站。

**CTA**（www.transitchicago.com）提供公共汽车及城市列车线路图、时刻表和票价等信息。

**Chicago Reader**（www.chicagoreader.com）同名周报的网页版，涵盖活动、艺术及娱乐信息。

### 途经芝加哥的自驾线路：1

**芝加哥详细信息见50页**

威尼斯海滩，洛杉矶

# 洛杉矶

**疯狂的洛杉矶，明星梦的热土，好莱坞浮华幻影之地。你或许以为自己对即将看到的一切都不出所料：追星狂潮、打了肉毒杆菌的沙滩金发女郎、无休无止的交通堵塞和地震。但这里也是加利福尼亚州种族最多样的城市，新的移民面孔每天都在不停地出现，而随着移民潮一同演变的则是打破陈规的全球性艺术、音乐及餐饮风潮。**

## 当地交通

洛杉矶人去哪儿都开车。拥堵的高速公路看不到尽头，不过最糟糕的时段还是早上和下午的高峰期。Metro公司运营公共汽车、地铁和轻轨（票价 $1.50）线路，夜间和周末服务班次较为有限。DASH公司的迷你巴士（单程 50¢）在市中心地带来回穿梭，圣莫尼卡（Santa Monica）的Big Blue Bus（票价 $1）连接的是洛杉矶西部地区。出租车每英里收费$2.80，起步价为$2.85。

## 停车

在街边想找到停车位十分不易。计时器收硬币，偶尔也接受信用卡，中心收费站则同时接受硬币和卡。代客泊车随处可见，通常收费为$5~10，再加小费。酒店隔夜停车的均价为$25~40。

## 去哪儿吃

流动快餐车极受当地人喜爱。市中心地带拥有世界美食大杂烩，包括在附近的小东京（Little Tokyo）、唐人街（Chinatown）、泰国城（Thai Town）、韩国城（Koreatown）和拥有拉丁风情的洛杉矶东部。决定美食风潮的小餐馆则占据了好莱坞、中城（Mid-City）、圣莫尼卡（Santa Monica）和威尼斯（Venice）。

## 住在哪儿

想要享受沙滩生活的话，就去圣莫尼卡或威尼斯。若是想要去迪斯尼乐园和橘郡（Orange County）的话，住在长滩（Long Beach）很便利。喜爱派对的人钟情好莱坞，而文化狂热人士则偏爱洛杉矶市中心。

## 网络资源

**LA Inc**（http://discoverlosangeles.com）官方的游客信息网站。

**LA Weekly**（www.laweekly.com）艺术、娱乐、用餐及活动日历。

**Lonely Planet**（www.lonelyplanet.com/usa/los-angeles）旅行贴士、酒店住宿和旅行者论坛。

## 途经洛杉矶的自驾线路：3

**洛杉矶详细信息见108页**

# 行前参考

## 签证

中国旅行者需要办理旅游签证，详见125页。

## 手机

只要开通了国际漫游，中国三大移动运营商的手机都可以在美国使用。经常需要打电话的旅行者可以购买当地SIM卡，AT&T的信号覆盖相对较好，偏远地区（例如山区和沙漠）的网络覆盖往往不佳。

## 上网

对网络需求高的中国旅行者可以提前在国内租用移动Wi-Fi热点。大部分咖啡店和住宿地都有Wi-Fi。有些住宿地还为客人提供可免费使用的电脑。网吧（每小时$6~12）在城市里很常见。

## 汽油

加油站随处可见，国家公园和偏远地区除外。1美制加仑汽油价格在$4至$5之间。

## 租车

惠租车（**www.huizuche.com**）

租租车（**www.zuzuche.com**）

Car Rental Express（**www.carrentalexpress.com**）

Simply Hybrid（**www.simplyhybrid.com**）

Zipcar（**www.zipcar.com**）

## 重要电话

紧急情况（☎**911**）

## 气候

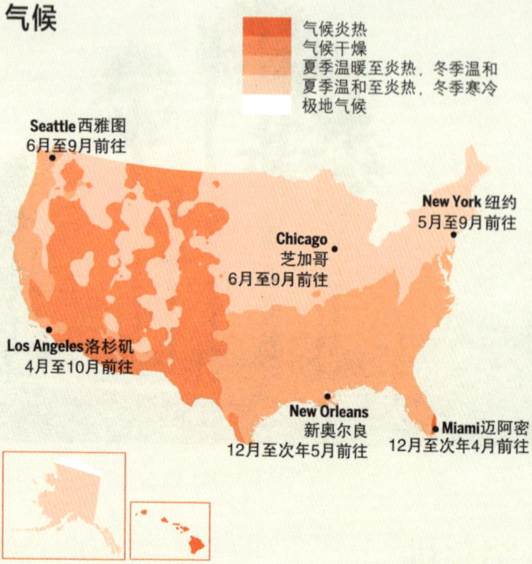


## 何时去

### 旺季（6月至8月）

» 整个国家都温暖舒适，高温天气也不会过于极端。

» 最忙碌的季节，人群蜂拥，价格高涨。

» 在滑雪度假村所在的地区，旺季为1月至3月。

### 平季（9月至10月和4月至5月）

» 气温更为温和，人流也较少。

» 在许多地方，春季花朵绽放（4月），秋天则色彩斑斓（10月）。

### 淡季（11月至次年3月）

» 冬天来临的日子，北方下起了大雪，部分地区暴雨不断。

» 住宿的价格跌至全年最低（除滑雪度假村以及暖和的度假胜地外）。

## 每日预算

### 经济：低于$75

» 露营：$20~40

» 路边餐馆和咖啡馆的餐食：$10~20

» 农贸市场有更为便宜的食物

» 享受免费的海滩，留意各博物馆的“免费开放日”

### 中档：$75~200

» 两星级的汽车旅馆或酒店的双人间：$75~150

» 在非正式的中档餐厅吃一顿：$20~40

» 主题公园的入场费：$40~100

### 高端：超过$200

» 三星级的住宿选择：旺季时每晚$150起，海景房价格更高

» 在顶级餐厅里享用三道菜的大餐：$75再加葡萄酒钱

## 就餐

**路边小餐馆和咖啡馆** 便宜的简餐，多见于城郊。

**海滩棚屋小吃** 普通的汉堡、奶昔和海鲜，当然还有海景。

**国家公园、州立公园和主题公园** 大多数是口味普通却定价过高的自助餐或野餐类的熟食。

**素食主义者** 餐厅通常会照顾到有忌口和过敏体质客人的需求。

就餐价格图标代表一道主菜的平均价格：

| | |
|---|---|
| $ | 低于$10 |
| $$ | $10~20 |
| $$$ | 超过$20 |

## 住宿

**汽车旅馆和酒店** 在车流量大的公路沿线和主要的旅游区内很常见。

**露营区和小木屋** 从朴素的露营地到奢侈的“豪华露营区”，多种多样。

**民宿** 在大部分海滨和山中城镇都能找到古朴、浪漫又价格不菲的小旅馆。

**青年旅舍** 便宜简陋，但几乎全都在市区。

价格图标代表一间带独立浴室的双人间的平均价格：

| | |
|---|---|
| $ | 低于$100 |
| $$ | $100~200 |
| $$$ | 超过$200 |

## 抵达美国

### 芝加哥奥黑尔国际机场

**租车** 主要的公司在机场和市中心都设有分店。

**公共交通** 搭乘蓝线可在40分钟左右的时间内抵达Loop区，全天候提供服务，$5。

**分摊式厢型车服务** 去往市中心的机场快速线每人收费$32。厢型车每15分钟一班，全程需时约60分钟。

**出租车** 抵达Loop区需要30~50分钟，约$50。

### 洛杉矶国际机场

**租车** 主要的租车公司有班车，开往紧邻机场的停车场。

**上门接送的合乘班车** 单程$16~27（建议预约）。

**出租车** 去圣莫尼卡、好莱坞或市中心需要$30~50，用时30分钟至1个小时。

**公共汽车** 乘坐Shuttle C（免费）到LAX City Bus Center或乘坐Metro FlyAway bus（$8）到洛杉矶市中心。

## 现金

自动柜员机分布广泛，信用卡几乎随处可用。花旗银行（Citibank）对银联卡支持较好。

## 小费

需要给小费。小费标准：餐厅18%~20%，出租车15%，酒吧每杯饮品$1，行李搬运工每个包$2。

## 营业时间

**银行** 周一至周五8:30~16:30，部分银行周五至17:30，周六9:00~12:30

**营业时间（大部分场所）** 周一至周五9:00~17:00

**邮局** 周一至周五9:00~17:00，部分邮局周六9:00至正午

**餐厅** 每天7:00~10:30、11:30~14:30和17:00~21:30，有些餐厅在周五和周六营业到更晚

**商店** 周一至周六10:00~18:00，周日正午至17:00（购物中心会营业到更晚）

## 网络资源

**Lonely Planet**（www.lonelyplanet.com/usa/california）目的地信息、酒店预订、旅行者论坛以及更多相关资讯。

**Roadside America**（www.roadsideamerica.com）所有稀奇古怪的东西。

想要了解更多，
查看美国自驾指南（见120页）

# 自驾线路

**1 66号公路东段 5~7天**

从风城开始你的旅途，然后向南穿过堪萨斯州和俄克拉何马州。（见17页）

**2 66号公路中段 5~7天**

沿着母亲之路穿越老派且俗气的得克萨斯州、新墨西哥州和亚利桑那州。（见27页）

**3 66号公路西段 3~4天**

慢悠悠地穿越沙漠，然后加速驶过那些老式的标志进入洛杉矶。（见39页）

Wigwam汽车旅馆，霍尔布鲁克，亚利桑那州

Launching Pad
66

1

# 66号公路东段

不管你对66号公路的东段有何成见，我们都会告诉你芝加哥到俄克拉何马州西部地区的一切。这里既有蠢笨至极的路边景点，也有最为友善的小城镇，还有最棒的供应各种西式馅饼的餐馆。

## 线路亮点

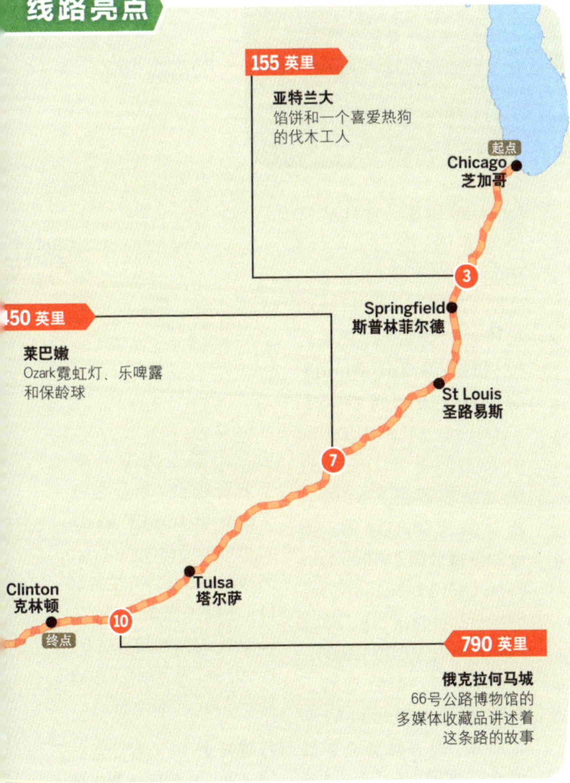


**5~7天**
**1050英里/1690公里**

### 最适合……

### 何时去

5月至9月

### 最佳摄影点

双子座巨人，一个用玻璃纤维制作的太空人，位于威尔明顿，伊利诺伊州。

### 最佳两日游

和其他地区相比，俄克拉何马州拥有更多的66号公路原始路段，此外，这里还有牛仔和炸鸡排。

双子座巨人（见20页），Launching Pad免下车餐馆

# 1 66号公路东段

这是条孤寂之路——或许当真称得上是条幽灵之路——看上去道路不断向前延伸，结果骤然间又消失得无影无踪，被州际公路吞噬于其中。但你很清楚，当路旁再次出现20英尺高、手拿热狗的伐木工人雕像时，或是当你看见一块指示牌，上面标有通往“世界上最大的有篷四轮马车”的方向时——该马车由巨型的“亚伯拉罕·林肯”驾驶，你又将重回它的怀抱。而这仅仅是伊利诺伊州而已！密苏里州、堪萨斯州和俄克拉何马州也都在66号公路的东段不断上演这类俗气的把戏。

## ❶ 芝加哥(见50页)

66号公路的起点位于芝加哥市中心的亚当街(Adams St)，就在密歇根大道(Michigan Ave)的西面。在“66号公路由此开始”的标志(位于亚当街南边)下按下快门之前，何不花点时间探访一下风城？你可以在距离母亲之路的起点不过几步之遥的**艺术学院**(Art Institute; ☎312-443-3600; www.artic.edu; 111 S Michigan Ave；成人/儿童 $23/免费；⏰10:30~17:00，周四10:30~20:00；🚻；Ⓜ棕线、橘线、绿线、紫线、粉线到Adams)闲逛，并且欣赏爱德华·霍普(Edward Hopper)的画作《夜游者》(*Nighthawks*，描绘的是用餐的场景)以及格兰特·伍德(Grant Wood)的油画《美国哥特式》(*American Gothic*，一位农夫的肖像)——这些正是你即将在66号公路沿途看见的画面。附近的**千禧公园**(Millennium Park; ☎312-742-1168; www.millenniumpark.org; 201 E Randolph St; ⏰6:00~23:00; 🚻；Ⓜ棕线、橘线、绿线、紫线、粉线到Randolph)非常酷炫，拥有标新立异的大众艺术品，6月至8月还会在午餐及大部分夜晚上演音乐会。启程之前，来**Lou Mitchell's**(www.loumitchellsrestaurant.com; 565 W Jackson Blvd; 主菜 $6~11; ⏰周一至周五 5:30~15:00; 周六和周日 7:00~15:00; 🚻; Ⓜ蓝线到Clinton)好好给自己“加个油”。

**行驶路上 »** 沿着亚当街开1.5英里，直到到达奥格登大

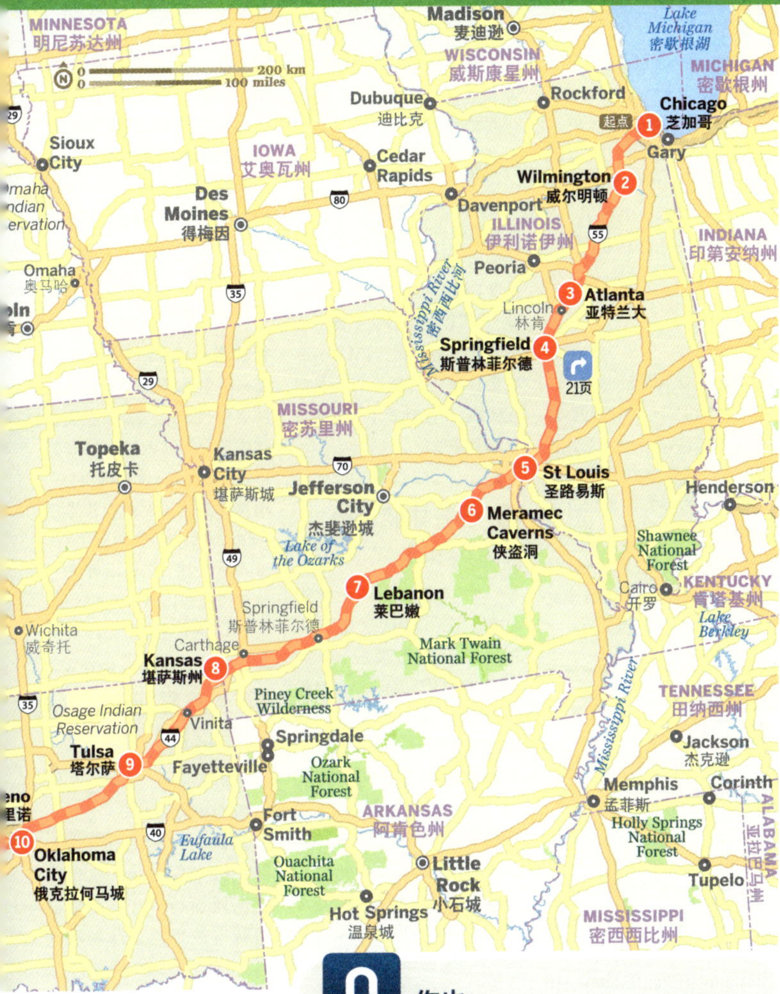


道(Ogden Ave)。在这里左拐，然后直行穿过Cicero和Berwyn这两个郊外街区。在哈林大道(Harlem Ave)左转(往南)，并行驶一小段，直到来到Joliet Rd路。很快，Joliet Rd路就会并入南行的55号州际公路(277号出口)，而你也汇入了州际公路的车流中。

### 你也可以……

**2 66号公路中段**

荒野西部的枪战、72盎司的牛排和石化森林都位于母亲之路的中间路段。沿着40号州际公路进入得克萨斯州的狭长地带，然后留心写着"Mclean"的小牌子。

## ② 威尔明顿

我们的第一站位于芝加哥以南60英里处的玉米地中。在241号出口下55号州际公路，然后沿着44号公路往南行驶一段短距离至53号公路，这条路通向威尔明顿镇。**双子座巨人**（810 E Baltimore St）——一个由玻璃纤维制作的、高28英尺的太空人就位于这里，它矗立在Launching Pad免下车餐馆外，犹如一个守卫。该餐馆目前已停止营业，但这个手抱火箭的绿巨人雕像则成了一个必不可少的摄影对象。

**行驶路上 »** 返回55号州际公路，然后在154号出口离开，前往Funks Grove——一处建于19世纪的枫糖浆农场（是的，天然糖浆的英文应为sirup而不是syrup）。驶上老66号公路（Old Route 66，一段与州际公路平行的辅路），约10英里之后你就将到达亚特兰大。

线路亮点

## 3 亚特兰大

当你听到人们对着玉米田发出惊叹声时，你就知道自己已经到达了小村庄亚特兰大（Atlanta），在这里，时光仿佛回到了过去。在**Palms Grill Cafe**（☎217-648-2233；www.thepalmsgrillcafe.com；110 SW Arch St；主菜 $5~8；⏲周二至周六 7:00~19:00）找张椅子坐下，玻璃橱窗内厚厚的醋栗、巧克力奶油以及其他古早味的西式馅饼已然令人食指大动。之后再穿过街道，和**高大的保罗**（Tall Paul）一起留个影——这是一个有如天高的保罗·班扬（Paul Bunyan）的雕像，手里攥着一个热狗。沿着Arch St街穿过镇子，就可以在亚特兰大的砖墙上欣赏到老式的壁画。

**行驶路上 »** 继续沿着老66号公路（即辅路）前行10英里就能到达林肯（Lincoln），这里有宏伟的亚伯拉罕·林肯驾驶着世界上最大的有篷四轮马车雕像。你可以试试看能不能继续沿着老66号公路行驶（路有点难走），或是选择返回55号州际公路。斯普林菲尔德就在前方30英里处。

## 4 斯普林菲尔德（见61页）

伊利诺伊州属于林肯总统，这一点从当地的车牌上就能看出端倪，而向正直的亚伯拉罕致敬的最佳场所莫过于州首府斯普林菲尔德（Springfield）。第16届美国总统的拥趸们在三大庄严的景点前热泪盈眶：**林肯墓**（Lincoln's Tomb；www.lincolntomb.org；1441 Monument Ave；⏲4月至8月 每天 9:00~17:00，9月至次年3月 周三至周六 9:00~16:30）、**林肯总统图书馆及博物馆**（Lincoln Presidential Library & Museum；☎217-558-8844；www.alplm.org；212 N 6th St；成人/儿童 $15/6；⏲9:00~17:00；👪）和**林肯故居**（Lincoln Home；☎217-492-4150；www.nps.gov/liho；426 S 7th St；⏲8:30~17:00），这些都位于市中心或邻近区域。而斯普林菲尔德的66号公路因何闻名？这里可是玉米狗（一种油炸的裹着玉米粉面团的热狗）的发源地。**Cozy Dog免下车餐馆**（www.cozydogdrivein.com；2935 S 6th St；主菜 $2~4.50；⏲周一至周六 8:00~20:00）是享用肉类盛宴的第一站，小餐馆遍布整条路段，令人难忘。

**行驶路上 »** 返回55号州际公路——在本州大部分路段它都将取代66号公路。在复古咖啡馆（位于Litchfield）和翻修过的加油站（位于Mt Olive）稍事休整。在爱德华兹维尔（Edwardsville）附近驶上270号州际公路，你将沿着它飞驰过密西西比河（Mississippi River），进入密苏里州。

## 5 圣路易斯（见62页）

边界一过去就是圣路易斯（St Louis），这是一座积极向上的城市，数个世纪以来旅行者从这里出发向西而行。想要一睹这座城市最为标志性景观的风采，离开270号州际公路，开上Riverview Dr，然后朝着630英尺高的**大拱门**（Gateway Arch；www.gatewayarch.com；电车 成人/儿童 $10/5；⏲7月至8月 8:00~22:00，9月至次年5月 9:00~18:00）向南开，这一雅致的纪念碑用以提醒世人这个城市在美国西进运动中的重要角色。如果还想更为近距离地欣赏这座不锈钢拱门的跨度，以及环绕着拱门的杰斐逊国家扩展纪念园（Jefferson National Expansion Memorial），那就在Tucker Blvd大街处（12th St）左转到Washington Ave大道。在市中心的西面，**Ted Drewes**（www.teddrewes.com；6726 Chippewa St；甜筒 60c~$2.80；⏲2月至12月 11:00~23:00）向一代又一代来往于66号公路的过客们出售奶油冻。在呈冰锥状的小屋内排队，点上一个“凝固物”——这种混合冰激凌如此厚实，以至于倒置过来也完全不会掉。

**行驶路上 »** 从这里起，44号州际公路就伴随着你，并时常覆盖了原有的母亲之路。沿着州际公路向西南方向开到斯坦顿（Stanton），然后再按照路标指示前往侠盗洞（Meramec Caverns）。

## 6 侠盗洞

承认吧，你的好奇心在蠢蠢欲动。俗气的户外广告牌一连数英里都在不遗余力地宣传着**侠盗洞**（Meramec Caverns；www.americascave.com；44号州际公路230号出口；成人/儿童 $21/11；⏲夏季 8:30~19:30，其余时间 开放时间有所缩短）。这个备受家庭喜爱的景点和露营地从1933年起就不断吸引着公路旅行者们前来，这得归功于它那标新立异的广告。从淘金到河上泛舟，你一整天都不会无所事事，不过也别错过极富历史和地质学意义的洞穴游览项目。寻欢作乐者们可要留意了，餐厅和礼品店都位于洞穴口内。

**行驶路上 »** 66号公路沿着好几条多风的乡间小路穿过几个不起眼的小镇，比如Bourbon、Cuba和Devil's Elbow，全都距离44号州际公路不远。大约100英里之后，莱巴嫩（Lebanon）是一个绝佳的中途休息站。

线路亮点

## 7 莱巴嫩（Lebanon）

大多数人进城都住在**Munger Moss汽车旅馆**（☎417-532-3111；www.mungermoss.com；1336 E Rte 66；房间 $50起；❄📶🏊）。这家建于20世纪40年代的旅馆拥有一块大得惊人的霓虹灯招牌以及颇具氛围的房间，不过更为重要的一点是，旅馆的主人热爱母亲之路，在此接待四方游客已超过40余载。他们可以告知你本镇最好的乐啤露和古董店在何处，哪里是壮丽的奥索卡山脉（Ozark）里划独木舟的最优地点，以及街对面的小巷内何时才是玩保龄球的最佳时段。位于莱巴嫩图书馆内的**66号公路博物馆及研究中心**（Route 66 Museum & Research Center；www.lebanon-laclede.lib.mo.us；915 S Jefferson St；⏲周一至周四 8:00~20:00，周五和周六 8:00~17:00）藏品颇为奇特，包括一辆老爷车和一个煤气泵。

**行驶路上 »** 在斯普林菲尔德以西离开44号州际公路，改为96号公路并一路到达迦太基（Carthage），这个美国内战时期的城镇有一个具有历史意义的城镇广场和一个66汽车剧院。从乔普林（Joplin）开始，沿着66号公路（Hwy 66）开到老66号公路，然后一直往前开，堪萨斯州已然出现在地平线上。

### 另辟蹊径
### 老石链桥

**起点：4 斯普林菲尔德**

在开进密苏里州之前，在270号州际公路的3号出口下来，改道而行。沿着3号公路（即Lewis and Clark Blvd大街）往南，在第一个红绿灯处右转，然后向西开到建于1929年的**老石链桥**（Old Chain of Rocks Rd；⏲9:00至黄昏）。这座长约一英里的桥横跨于密西西比河之上，跨度为22度（很有可能会导致坍塌，因此禁止车辆通行），如今只对行人和自行车开放。若是想下车探索一番的话，记得藏好贵重物品，把车锁好。

## 当地知识：了解你的馅饼

卡拉·兹默尔曼，本书作者

66号公路可不仅仅是母亲之路，当我们谈论馅饼时，它也是“母亲牌”馅饼的天堂。面皮之间通常都会装有甜美的绿色醋栗馅，正如亚特兰大的Palms Grill Cafe咖啡馆做的那样。山核桃馅饼是俄克拉何马州官方的最爱，它已经成为该州“州菜”的一部分。奶油馅饼是这一地区的杰作，香蕉奶油、椰子奶油和巧克力奶油在许多餐厅都令人食指大动。

上图：1969年的奥兹莫比尔（Oldsmobile）牌敞篷车
右图：山核桃馅饼

## 8 堪萨斯州（Kansas，见67页）

这个龙卷风多发的州只拥有13英里长的母亲之路（不超过全程的1%），但还是有不少值得一看的东西。首先，你会经过矿痕累累的**加利纳**（Galena），正是这里的一辆锈迹斑斑的老拖车为Pixar的动画师们

CAR CULTURE / GETTY IMAGES ©

JOHN BLOCK / GETTY IMAGES ©

提供了灵感，由此创作出了《赛车总动员》（*Cars*）中的角色Mater。几英里之后，在红砖建的**Eisler Brothers Old Riverton Store**（☎620-848-3330；www.eislerbros.com；7109 SE Hwy 66；⏰周一至周六 7:30～20:00，周日 正午至19:00）停车，补给一下电池、火鸡三明治及66号公路纪念品。这栋建于1925年的建筑物和最初建成之时差别不大——可以留意一下压锡的天花板和屋外的厕所——这里在“国家历史遗址名录”上也有一席之地。穿过400号公路，继续前往**1923 Marsh Rainbow拱桥**，之后再往南3英里就是**巴克斯特斯普林斯**（Baxter Springs）——这里是一次美国内战大屠杀的遗址，还发生过多起银行抢劫案。

**行驶路上 »** 进入俄克拉何马州。从阿夫顿（Afton）开始，66号公路就和44号州际公路（现在是一条收费公路）平行，它们会经过维尼塔（Vinita）——这里有克兰顿（Clanton）那著名的供应炸鸡排的咖啡馆。再往前40英里就会到达克莱尔莫尔（Claremore），这里是牛仔威尔·罗杰斯（Will Rogers）的故

**最佳建议**
**各州道路资源**

对那些试图寻找更为离奇的目的地、古老的桥梁或民间艺术奇迹的人来说，下面这些网络资源为在各地区的汽车旅行提供额外信息：

**伊利诺伊州66号公路协会**（Route 66 Association of Illinois; www.il66assoc.org）

**密苏里州66号公路协会**（Route 66 Association of Missouri; www.missouri66.org）

**俄克拉何马州66号公路协会**（Oklahoma Route 66 Association; www.oklahomaroute66.com）

**得克萨斯州66号公路协会**（Route 66 Association of Texas; www.route66oftexas.com）

乡。之后是卡图萨（Catoosa），这里的80英尺长的蓝鲸吸引着热爱拍照的人们。不久之后，你就将到达塔尔萨。

## 9 塔尔萨（见69页）

East 11th St街将会带你进入并经过装饰艺术盛行的塔尔萨（Tulsa），一定要记得看看S Quaker Ave大道上翻新过的**Meadow Gold标牌**那标志性的霓虹灯传奇。若是想要感受一下该城市在66号公路最早期的模样，就去**Brady Arts区**看看，从市中心穿过铁轨就能到达。那个时代的音乐俱乐部仍然播放着乐曲，另类的博物馆用以纪念**伍迪·格思里**（Woody Guthrie; www.woodyguthriecenter.org; 102 E Brady St; 成人/儿童 $8/6; ⌚周二至周日 10:00~18:00），而当地的爵士乐手们也令人难忘。

**行驶路上 »** 从塔尔萨通往俄克拉何马城的乡村路段是剩下的母亲之路最长的连续性路段之一（110英里），是不错的取代44号收费州际公路的选择。在接近俄克拉何马城时，66号公路将并入77号公路通往城内。

## 10 俄克拉何马城（见70页）

鲍比·特鲁普（Bobby Troup）在他的经典歌曲《在66号公路上找乐子》（*Get Your Kicks on Route 66*）里形容这座城市“气场强大而漂亮”，但俄克拉何马城牛仔范儿十足，而清秀气质稍逊一筹。在**国家牛仔和西部遗产博物馆**（National Cowboy & Western Heritage Museum; www.nationalcowboymuseum.org; 1700 NE 63rd St; 成人/儿童 $12.50/6; ⌚10:00~17:00）里感受一下这种氛围。其他与靴子和皮套裤相关的景点都集中在Stockyards City中心地带的南部，你可以在这里观看一场牛群竞拍，买一顶定做的牛仔帽或是享用一顿美味的牛里脊。**俄克拉何马城国家纪念馆**（Oklahoma City National Memorial Museum; www.oklahomacitynationalmemorial.org; 620 N Harvey Ave; 成人/学生 $12/10; ⌚周一至周六 9:00~18:00，周日 正午至18:00）的空椅区（Field of Empty Chairs）是用以缅怀1995年4月19日在这里发生的恐怖爆炸案中遇难的人们，令人动容。在出城的路上，可以去**Ann's Chicken Fry House**（4106 NW 39th St; 主菜 $4~12; ⌚周二至周六 11:00~20:30）品尝一下久负盛名的带有奶油肉汁的特色菜。

**行驶路上 »** 从俄克拉何马城开始，66号公路跟随着州际公路Business I-40前行20英里，一直到埃尔里诺。这里的肉食很与众不同，肉香将伴着你的进城之路……

## 11 埃尔里诺

埃尔里诺（El Reno）的餐桌上从1926年起就开始供应烤洋葱汉堡了。今天，这种超棒的美味（牛肉糜和生洋葱混合在一起，再在烤架上烤得发焦）成了这个镇子的主食。这里有好几家历史悠久的免下车餐馆和酒吧，可以试试

**Johnnie's Grill**（301 S Rock Island；⏲9:00~19:00）或者**Sid's**（300 S Choctaw Ave；⏲11:00~19:00）。Sid's有户外的餐桌，Johnnie's则拥有更宽敞的用餐区域。

**行驶路上 »** 66号公路并入了40号州际公路，有时则位于其北部的平行位置，这是一段通向克林顿（Clinton）的60英里长的路途，地貌荒寂。

线路亮点

## ⑫ 克林顿（Clinton）

在克林顿满是纪念品的**俄克拉何马66号公路博物馆**（Oklahoma Route 66 Museum；☎580-323-7866；www.route66.org；2229 W Gary Blvd；成人/儿童 $5/1；⏲夏季 周一至周六 9:00~19:00，周日13:00~18:00；其余时间 开放时间有所缩短；🚻）旁，母亲之路上途经的所有8个州的州旗高高飘扬。这个由俄克拉何马历史社团（Oklahoma Historical Society）运营的宝库收藏着风趣之物，和你想象中典型的由照片、剪报和小摆设（虽然这里的确有一个装满艺术品的古玩橱）所组成的大杂烩不同。正相反，这个博物馆运用音乐和视频来强化66号公路60多年的历史。

**右图** 俄克拉何马城国家纪念馆

STEPHEN SAKS / GETTY IMAGES ©

HISTORIC SELIGMAN SUNDRIES
GIFTS
MUSEUM
Koffie
HISTORIC SELIGMAN SUNDRIES
Coffee
SELIGMAN, AZ

# 66号公路中段

2

*混凝土棚屋、牛仔形的霓虹灯、动作笨拙的"恐龙"，"俗不可耐的66号公路"或许是用来形容这段母亲之路的最佳标语。66号公路中段道路两旁灌木丛生，将得克萨斯州、新墨西哥州以及亚利桑那州相连。*

## 线路亮点

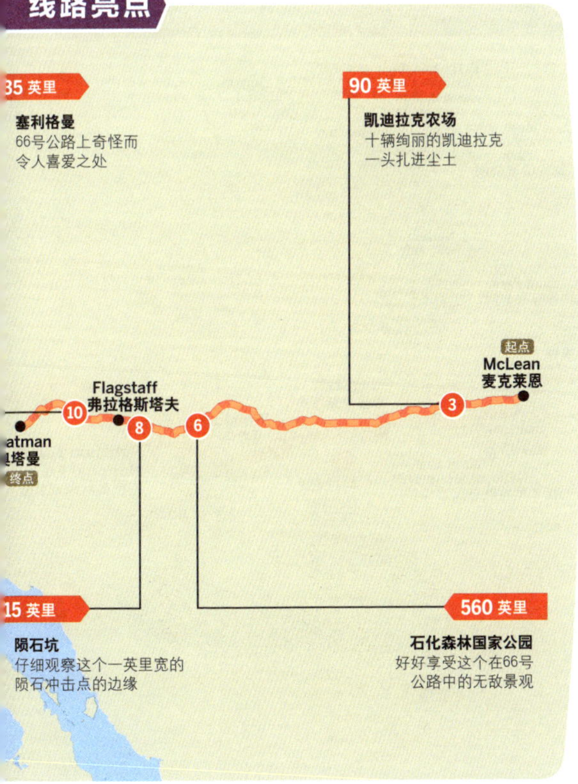


**5~7 天**
**910 英里/1464公里**

### 最适合……

### 何时去

4月至9月间是科罗拉多高原(Colorado Plateau)上气候最佳的时节。

### 最佳摄影点

霍尔布鲁克Wigwam汽车旅馆的圆锥形混凝土帐篷。

### 最佳两日游

石化森林国家公园和陨石坑的自然奇景。

塞利格曼，亚利桑那州

# 2 66号公路中段

Snow Cap免下车餐馆将与66号公路相关的一切酷炫的玩意儿都囊括其中。这里有"私人交流"——"柜台后面那家伙刚刚是不是向我喷假芥末？"这里也弥漫着旧日风尚——"没错，我要来一杯麦芽酒。"这里还吸引着各式各样不同的人到来——从一整车睡眼惺忪的游客，到一群看上去坚韧不拔的自行车手们——一个冰激凌甜筒的简单美味将他们聚集在了Snow Cap。

## ❶ 麦克莱恩（McLean）

出了城以后，得克萨斯州狭长地带广袤壮阔的土地就铺展开来，偶尔会出现一架风车打破沉闷，或是养牛场那独特的气味远远飘过来。母亲之路在旷野奔袭了178英里，而整条路都已被40号州际公路所取代——但仍有一些值得一探的景点。

得克萨斯州以及其他西部畜牧大州绵延不绝的草地曾经是开放式的牧场，那时侯，小公牛和牛仔们可以在牧场上不受任何羁绊地任意游荡。这一切都在19世纪80年代变了样："恶魔之绳"——也就是众所周知的铁丝网——开始将整片土地分割成私人地块。**恶魔之绳博物馆**（Devil's Rope Museum；www.barbwiremuseum.com；100 Kingsley St；免费入场；⏲3月至11月 周一至周五 9:00~17:00，周六 10:00~16:00）位于破破烂烂的麦克莱恩城，从141号出口下来就是，这里展示着大量的带刺铁丝网，还有一个专为66号公路而设的小而温馨的独特房间。拥有一张得克萨斯州的详细公路地图非常有必要。值得一看的还有令人动容的"黑色风暴事件"（Dust Bowl）的损害情况，以及对人为导致的环境灾害所造成的难民的生动描述。

**行驶路上 »** 麦克莱恩以西的40号州际公路穿过低矮的山丘。在Groom附近，地势变得平缓起来，这里有倾斜的水塔和一座19层楼高的十字架，位于112号出口处。从96号出口下去就能到达康威

(Conway)，在这里可以为荒芜孤独的大众甲壳虫农场即"虫子农场"拍上一张照片，农场位于州际公路的南面。可以走74号出口。

## ❷ 阿马里洛(Amarillo)

这个牛仔小镇拥有相当数量的66号公路景点：**大得克萨斯牛排农场**(Big Texan Steak Ranch; www.bigtexan.com; 7701 I-40 E, exit 74; 主菜$10~40; ⏰7:00~22:30; 👪)、历史悠久的牲畜拍卖，以及圣哈辛托区(San Jacinto District)——这里仍然有着66号公路最原始的营生。

大得克萨斯牛排农场是一个稍显做作但很经典的景点，于1960年在66号公路上开张。在1971年40号州际公路通车时，它搬到了现在的地址，自那以后再也没有变动过。这里最吸引顾客的招数就是供应"免费的72盎司牛排"——你必须在一小时之内干掉这样一大份牛肉以及大量配菜，否则的话就得为整顿饭买单($72)。参赛者们坐在升高的桌子边，供其他用餐的人们"娱乐"。只有不到20%的人能通过这项挑战。姑且不论疯狂的饕餮大赛，这个农场不失为一个用餐的好场所，这里的牛排也非常不错。

**行驶路上 »** 沿着40号州际公路一路向西。在60号出口下来，这里位于阿马里洛城中心边缘以西约5英里处，然后从Love's加油站开始沿着南面的辅路往回开1英里。

线路亮点

## ❸ 凯迪拉克农场(Cadillac Ranch)

颇具争议的当地百万富翁斯坦利·马什(Stanley Marsh)于1974年在阿马里洛城西面的荒废土地上安置了10辆凯迪拉克车的外壳——这一装置为这里赚取了凯迪拉克农场之名。他称自己此举是为汽车旅行的黄金时代歌功颂德。这些车的生产年份在1948年到1959年——这一时期，车辆的尾翼正在变得越来越大。要有备而来，通常的做法是在这些车辆上喷上你的涂鸦。这里的风有时候相当大。

**行驶路上 »** 沿40号州际公路向西行驶60英里，一直开到新墨西哥州的边境。图克姆卡里和那家超过1200间房间的汽车旅馆就在西面40英里处。

## ❹ 图克姆卡里(Tucumcari，见75页)

图克姆卡里是个农牧业的城镇，夹在方山和平原之间，这里拥有66号公路保存最为完好的路段之一。这里非常适合夜间驾车驶过，那时候几十个霓虹灯招牌——66号公路鼎盛时期留给本镇的遗物——绽放出一道狂热的霓虹光芒。图克姆卡里66号公路的行车传奇，以及其他地区的亮点，在市中心及其周边地区的35块壁画上记录得很清楚。在**商会**(Chamber of Commerce; ☎575-461-1694; www.tucumcarinm.com; 404 W Route 66; ⏰周一至周五 8:30~17:00)领一张地图，上面标有各个壁画的详细位置。

迷人的**梅萨兰恐龙博物馆**(Mesalands Dinosaur Museum; www.mesalands.edu/community/dinosaur-museum; 222 E Laughlin St; 成

### 另辟蹊径
### 圣菲(SANTA FE)

**起点：❺ 阿尔伯克基**

新墨西哥州的首府圣菲是一处文化艺术的"绿洲"，海拔7000英尺之高，背靠Sangre de Christo山脉。1938年之前，66号公路直接穿城而过，而在那之后，重新划定过的公路仅从旁边经过。非常值得绕道进城参观一下乔治亚·欧姬芙博物馆(Georgia O'Keeffe Museum)，再在上好的餐厅里大快朵颐一番超辣的青辣椒菜肴。参看91页以了解更多。66号公路沿着老佩科斯路(Old Pecos Trail, NW466)进城。

人/儿童 $6.50/4；⏲3月至8月 周二至周六 10:00~18:00，9月至次年2月 周二至周六 正午至17:00；👪）陈列了一些真正的恐龙骨头，还为孩子们准备了可以动手实践的展览。这里的恐龙骨架浇铸采用的是铜（而非通常使用的熟石膏），细节呈现非常完美。

**行驶路上 »** 在40号州际公路以西，干燥且多风的平原延伸向远方，地平线被突出的方山打破。若是想舒活一下筋骨，就从66号公路/40号州际公路的273号出口下来前往圣罗莎（Santa Rosa）市中心，这里有66号公路汽车博物馆（Route 66 Auto Museum），展出了多达35辆20世纪20年代至60年代的汽车，所有车都保存得极为良好。

## 5 阿尔伯克基（Albuquerque，见77页）

1936年之后，66号公路在其老路的基础上进行了校准，现在的路笔直往西通向阿尔伯克基，而老路则向北一直通到圣菲（Santa Fe）。这个城市如今的中央大道（Central Ave）就曾是1937年之前的老66号公路。该大道途经诺布山（Nob Hill）、大学、市中心和老城区。

带露台的**Kelly's Brewery**（www.kellysbrewpub.com; 3222 Central Ave SE；⏲周日至周四 8:00~22:30，周五及周六 8:00至午夜）位于时髦的诺布山，曾是一处现代艺术的加油站，于1939年建成。在25号州际公路西面，**KiMo剧院**（☎505-768-3544; www.cabq.gov/kimo; 423 Central Ave NW,市中心）是一幢宏伟壮观的由瓷砖与木料混建的艺术大楼，其前身为一座古老的印第安人交易站。这个建于1927年的普韦布洛装饰艺术建筑将美洲原住民文化与装饰艺术设计糅合在一起。这里也会播放经典的电影，比如《雨中曲》（*Singin' in the Rain*）和《2001太空漫游》（*2001: A Space Odyssey*）。若想欣赏史前设计，取道城西的154号出口，然后向北行驶3英里至**国家岩画纪念遗址**（Petroglyph National Monument; ☎505-899-0205; www.nps.gov/petr; 6001 Unser Blvd NW; ⏲游客中心 8:00~17:00），这里有超过2万幅岩石蚀刻画。

**行驶路上 »** 66号公路由40号州际公路的岔路变为进入盖洛普（Gallup）的主道，经过修葺一新的建筑，包括建于1926年西班牙殖民地时期风格的El Morro剧院。盖洛普距离亚利桑那州21英里。在亚利桑那州，从311号出口可以进入石化森林国家公园。

### 步行游览盖洛普壁画

在盖洛普来一次步行游览——从位于W Aztec Ave大道和S 2nd St街角的市政厅出发——然后在艺术中慢慢品味此地131年的古老故事。在这个老66号公路经过的镇子里，许多建筑都被当作了画布，用来进行大型壁画的创作，抽象派和现实主义风格一应俱全，以纪念盖洛普如过山车般动荡起伏的历史中的特殊事件。该城的壁画创作传统始于20世纪30年代，是富兰克林·D.罗斯福（Franklin D Roosevelt）的大萧条工作项目管理（Great Depression Work Projects Administration，简称WPA）中的一个部分。

线路亮点

## 6 石化森林国家公园（Petrified Forest National Park，见97页）

**石化森林**（☎928-524-6228; www.nps.gov/pefo; 车辆/步行、自行车及摩托车 $10/5；⏲6月及7月 7:00~20:00，8月至次年5月开放时间更短）里的"树木"是有着2.25亿年历史的支离破碎的石化木材，它们四散于一片半荒漠化的草原之上，覆盖区域很广。其中许多都是巨石——直径可达6英尺——至少有一块巨石跨越了一处沟壑而形成了一座天然石桥。这些树最初被水挟裹至此，在自然分解之前就被含有大量硅土的火

ALAN COPSON / GETTY IMAGES ©

SABRINA DALBESIO / GETTY IMAGES ©

## 当地知识：金曼到塞利格曼

艾米·C.波福尔，本书作者

我最喜爱的一段66号公路是从金曼以东直到塞利格曼的那115英里路途。一切很快就变得匪夷所思起来。忽然间，你会想和一列火车竞赛。小小的哈克贝里则吸引着来自世界各地的人潮。一个叫作Valentine的小镇突然出现在眼前，之后是一头假恐龙。沿途不断出现柏马剃须膏那古怪的标志。然后，在接近尾声时，你又在Snow Cap免下车餐馆被困住了——因为你无法打开那扇需要点技巧才能打开的门。

上图：复古的66号公路标志，金曼
左图：杂货店，哈克贝里，亚利桑那州
右图：路边的邮箱，金曼

SABRINA DALBESIO / GETTY IMAGES ©

山灰所覆盖掩埋。地下水不断溶解着硅土，流经木材之中，并结晶为固体，闪闪发亮的石英混杂着铁、碳、锰以及其他矿物质。地壳隆起和侵蚀最终将这些木材暴露于地表。

这个公园跨越40号州际公路两旁，北面的入口位于311号出口，南面的入口在180号公路旁。两个入口之间有一条长28英里的Park Rd路，风景优美。不想走回头路的话，西行的旅行者应从北面入园，而东行的则应从南部开始游览。

**行驶路上 »** 西行25英里可到达霍尔布鲁克（Holbrook）。这个一度拥有狂野西部形象的小镇如今满是卖石头的店铺，还有一家适合拍照留念的Wigwam汽车旅馆，该旅馆在2002年被列入“国家历史遗址名录”。入住时间为16:00，若是在此之前到达的话，他们很有可能会让你看一看某间棚屋的内部。继续沿着40号州际公路向西行。

## 7 温斯洛（Winslow，见98页）

“站在亚利桑那州温斯洛的一处街角……”这句话听上去是不是有点熟悉？寂寥的小温斯洛如今摇身一变成为游客前行路线上颇受欢迎的一站，这得归功于老鹰乐队（The Eagles）1972年的歌曲*Take It Easy*（由Jackson Browne和Glenn Frey共同创作）。在2nd St街和Kinsley Ave大道的拐角处，和一个真人大小的搭便车人的青铜雕像来张合影吧，背景是一幅迷人而做作的错视效果壁画——正应了那句著名的歌词："女孩——我的老天！——在一辆福特牌平板卡车上。"

**行驶路上 »** 在温斯洛以西20英里处，从40号州际公路选择233号出口下来，然后往南开6英里。



## ❽ 陨石坑（Meteor Crater）

5万年之前，一块炽烈的陨石在此坠落，砸出了一个深约550英尺、直径约1英里的大坑。现在，这个归属于私人的**坑**（☎928-289-5898；www.meteorcrater.com；成人/老年人/6~17岁 $18/16/9；⏲6月至9月中旬 7:00~19:00，9月中旬至次年5月 8:00~17:00）是一个主要旅游景点，拥有关于陨石、火山口地质学和阿波罗号宇航员的展示，这些宇航员曾在这里如月球表面般的地面上接受过登月训练。进入陨石坑是禁止的，但有几处观景点，此外还有带导游的1小时外围徒步团队游（免费）。找一找曾坠毁于坑内的一架飞机那闪闪发亮的残片。

**行驶路上 »** 沿着40号州际公路直到204号出口，然后选择66号公路直到弗拉格斯塔夫。这也是前往沃尔纳特峡谷国家保护区（Walnut Canyon National Monument，见99页）的出口。从东面起，66号公路会经过一处狭长的独立经营的廉价汽车旅馆地带，以及热情洋溢的Museum Club（3404 E Rte 66）——这是一座木头小屋造型的路旁旅馆，从1936年起就开始招待过客了。沿着铁轨旁的公路吱吱嘎嘎地开进弗拉格斯塔夫城区吧。

## ❾ 弗拉格斯塔夫（Flagstaff，见99页）

这个富有文化气息的大学城仍然拥有一颗属于旧日西部的心脏。在位于老铁路仓库内的游客中心，可以领取免费的66号公路步行游览指南。游览所包含的其中一座建筑是**Downtowner Motel**，曾为一处妓院，如今则是大峡谷国际青年旅舍（Grand Canyon International Youth Hostel）。就在66号公路的北面，有两家拥有百年历史的酒店：**Hotel Monte Vista**和**Weatherford**。二者都颇有特色，更别提给客人带来欢乐的酒吧以及生动的闹鬼传说。

如果你对建筑感兴趣，那就在南面不远处的**赖尔登大厦州立历史公园**（Riordan Mansion State Historic Park；☎928-779-4395；www.azstateparks.com/parks/rima；409 W Riordan Rd；成人/7~13岁儿童 $10/5；⏲5月至10月 9:30~17:00，11月至次年4月 周四至周一 10:30~17:00）稍作逗留。因经营的亚利桑那州伐

### 风光之旅：石化森林国家公园（PETRIFIED FOREST NATIONAL PARK）

悠闲的Park Rd路从公园之中穿行而过，沿途有约15个带有易读标志的停车点，还会经过一些短的小径。在40号州际公路以北，可以欣赏到彩色沙漠（Painted Desert）一览无遗的景色，大自然在这里打翻了调色板，美景令人过目难忘，尤其是日落时分。在Park Rd路转向南边之后，注意留意路边和66号公路相关的标识，就在州际公路北面。

去往蓝色沙丘（Blue Mesa）3英里长的环线可以欣赏到壮丽的荒原、原木"瀑布"和山顶平衡木（这些原木有着大象皮肤般的皮革纹理）的360度全景。

靠近南部入口处的两条小径为近距离欣赏这些石化树木提供了最佳机会——0.6英里长的Long Logs小径可以到达大片的石化森林，而0.4英里长的Giant Logs小径则经由彩虹森林博物馆（Rainbow Forest Museum），可以看到园区内最大的石化树木。

木公司(Arizona Lumber Company)获利颇丰,迈克(Michael)和蒂莫西·赖尔登(Timothy Riordan)两兄弟于1904年建起了这幢屋子。该大厦手工式的设计出自建筑师查尔斯·威特利斯(Charles Whittlesey)的构想,他曾设计过大峡谷南缘(South Rim)的El Tovar酒店。

**行驶路上 »** 66号公路在弗拉格斯塔夫以西重新并入40号州际公路。行驶30英里之后可到达威廉斯(Williams),这里是大峡谷铁路(Grand Canyon Railway)和Red Garter民宿及面包坊的所在地。威廉斯是66号公路被40号州际公路取代之前所经过的最后一个社区。66号公路在威廉斯为单行道,自西向东行驶。Railroad Ave大道和66号公路平行,向西行驶。重新开上40号州际公路,在139号出口再驶离。

## 66号公路的历史

于1926年破土兴建的66号公路自芝加哥一直延伸至洛杉矶,一路纵横穿越8个州,将一系列小城镇和乡野小道连接了起来。这条路在大萧条时期声名不佳,移居的农民们正是沿着该路从风沙侵蚀的地区穿越大平原向西迁徙。"母亲之路"这一昵称首次出现在约翰·斯坦贝克(John Steinbeck)所创作的关于这一时期的小说《愤怒的葡萄》(*Grapes of Wrath*)里。与此同时,无业的年轻人受雇前来为泥土路铺设最后一层路面。他们完成了此项工作,结果,正好在第二次世界大战时派上了用场。接下来,搭顺风车的士兵和工厂工人就开始穿梭于公路上。"二战"结束之后,情况变得有意思起来,新的繁荣令美国人想要动身上路。遗憾的是,正当一切正常运行时,联邦政府开始实行州际公路系统,这最终导致了母亲之路的终结。1984年,最后一个被州际公路经过的小镇就是亚利桑那州的威廉斯(Williams)。

线路亮点

### ⑩ 塞利格曼(Seligman,见104页)

这个城镇对待其与66号公路相关的遗产极为严肃,这得感谢Delgadillo兄弟,他们数十年来都是母亲之路最大的"助推器"。令人遗憾的是,胡安(Juan)于2004年辞世,而年龄已届90多的安赫尔(Angel)及妻子薇尔玛(Vilma)如今仍然经营着**Angel's Barbershop**(☎928-422-3352; www.route66giftshop.com; 217 E Rte 66; ⏲9:00~17:00),你可以在这里逛逛,寻找一下纪念品并欣赏世界各地的粉丝寄来的车牌。安赫尔那狂妄的兄弟胡安曾一度掌管**Snow Cap免下车餐馆**(☎928-422-3291; 301 E Rte 66; 菜肴 $3.25~6.25; ⏲3月中旬至11月 10:00~18:00)——这个66号公路上知名的餐厅供应汉堡、冰激凌和恶作剧,如今由他的儿子鲍勃(Bob)及约翰(John)经营。

**行驶路上 »** 母亲之路向西北方行驶,穿过长着灌木的沙漠,经过柏马剃须膏(Burma Shave)标志以及孤寂的火车。在115英里路标处,有一处俗气的恐龙标志正昂首怒吼。

### ⑪ 大峡谷洞穴及客栈(Grand Canyon Caverns & Inn,见105页)

乘坐一部电梯下行210英尺才能到达地下用人工灯光照亮的石灰岩洞穴——**大峡谷洞穴**(☎928-422-3223; www.gccaverns.com; Rte 66,mile marker 115; 45分钟导览团 成人/儿童 $20/13; ⏲6月至9月 9:00~17:00,10月至次年5月 10:00~17:00; 👪),这里有一具史前动物地懒的骨架遗骸。如果你曾游览过其他洞穴,那么这里或许很难再给你带来深刻印象,但孩子们倒是会玩得很开心。用时更短,且允许残疾游客加入的团队游也可以在当地

## 66号公路相关读物

约翰·斯坦贝克（John Steinbeck）的《愤怒的葡萄》是关于黑色风暴年代颠沛于母亲之路上这段历史的经典小说。伍迪·格思里（Woody Guthrie）的*Bound for Glory*则是大萧条时期一位民谣歌手进行公路旅行的自传体文学。66号公路沿途的数家博物馆和书店都有以美国原住民、古老的西部和开拓者们为主题的书籍，均与老公路相关。

找到（成人/儿童 $16/11）。从2010年起，这里就将其洞穴套房（Cavern Suite，$800）作为过夜住宿的选项。这个地下的“房间”有两张双人床、一个休憩区域和多彩的灯饰。若是你曾动过念头，想要生活在劫后余生的科幻电影场景中，那就别放过这个机会！这里提供的一张DVD影碟就是一部和地下有关的恐怖片——你得口味特别重才能在此观看。

**行驶路上»** 继续西行，穿过皮奇斯普林斯（Peach Springs）、Truxton和Valentine，这段路程一共35英里。

### ⑫ 哈克贝里（Hackberry，见105页）

小小的哈克贝里是母亲之路原路沿途少数几个仍然生机盎然的定居点之一。一个改造得古怪异常的加油站内是**哈克贝里杂货店**（Hackberry General Store；☎928-769-2605；www.hackberrygeneralstore.com；11255 E Rte 66；入场免费；⏲通常8:00~18:00）。这幢建筑在1934年就作为杂货铺开始营业，内部保留了罗伯特·瓦尔德迈尔（Robert Waldmire）终其一生所搜集而来的各种和公路有关的纪念品，是一处停下来享用一瓶冰可乐并买上一点母亲之路纪念品的绝佳地点。可以留意一下复古式的汽油泵、经历了数十年沙漠阳光强晒而逐渐褪色的车辆、老旧的马桶座以及锈迹斑斑的铁制品。

**行驶路上»** 从此地开始，66号公路呈弧线绕向西南方向，又重新回归到40号州际公路上，之后再进入27英里之外的金曼。

### ⑬ 金曼（Kingman，见105页）

金曼建于19世纪80年代铁路兴建的黄金时代，如今已成为一个静谧之所。游客中心位于金曼西端一个建于1907年的发电站内。同一幢建筑物里还有小而迷人的**66号公路博物馆**（Route 66 Museum；☎928-753-9889；www.kingmantourism.org；120 W Andy Devine Ave；成人/老年人/12岁及以下儿童 $4/3/免费；⏲9:00~17:00），有母亲之路非常棒的历史回顾。在5th St街和Spring St街上可以欣赏一下**前卫理公会派教堂**（the former Methodist church），这里曾是克拉克·盖博（Clark Gable）和卡洛尔·隆巴德（Carole Lombar）喜结连理之地。

在金曼，66号公路也被称作Andy Devine Ave大道，得名于本地的好莱坞英雄安迪·迪瓦恩（Andy Devine），他曾在如《关山飞渡》（*Stagecoach*）这样的经典影片中出演——他的角色是位永远稀里糊涂的马车车夫。

**行驶路上»** 66号公路在一个幽闭的峡谷和崎岖不平的布拉克山脉（Black Mountains）内曲折前行，之后再一路经历落石、仙人掌和风滚草来到西特格里夫斯通道（Sitgreaves Pass，3523英尺），最后进入古老的矿业小镇奥塔曼。

### ⑭ 奥塔曼（Oatman，见107页）

从矿脉枯竭的1942年起，粗犷的奥塔曼就将自己重新包装成一处电影场景和狂野西部的景点，以吸引游客的到来。舞台上演出的枪战（每天13:30和15:30），起名为“快枪手范尼的地盘”（Fast Fanny's

**上图** 古董店，奥塔曼，亚利桑那州

Place），加上“经典臀部”（Classy Ass）的礼品店，令这一形象名副其实。

提到臀部，大街上四处溜达的倒是不少（不过，这里指的是四条腿的那种）。又蠢又萌的它们是早期矿工们所饲养的驮畜的后代。这些毛驴会冲你要吃的，不过可别给它们喂胡萝卜。你可以在旁边的店铺里给它们买一些更健康的干草块，一袋$1。和众多店铺拥挤在一起的，有建于1902年的**奥塔曼酒店**（Oatman Hotel），这是一间低调得令人意外的小屋（不再出租房间）——1939年，克拉克·盖博和卡洛尔·隆巴德正是在这里度过了他们的新婚之夜。7月4日这天，镇子会举办一场人行道炒蛋比赛。现在，这可是非常火爆！

从这里开始，66号公路蜿蜒下到黄金海岸（Golden Shore），并入40号州际公路。

# 66号公路西段

3

*从东部历史悠久的尼德尔斯，到非凡的太平洋那波光粼粼的海水，跟随加利福尼亚州境内延伸的母亲之路，追寻属于你自己的美国梦吧。*

## 线路亮点

**3~4天**

**310英里/499公里**

**最适合……**

**何时去**

春季，此时你还能在炎炎夏日到来之前摇下车窗玻璃自由奔驰。

**最佳摄影点**

在66号公路标志旁那褪色的柏油路面上躺着来一张。

**最佳路段**

格弗斯和安博伊之间的那段National Trails公路，是典型的中间路段，前不着村、后不着店。

被废弃的加油站，66号公路

# 3 66号公路西段

对于好几代美国人来说，有着晶莹的海水和明媚的天空的加利福尼亚州是66号公路旅行者们的乐土。跟随他们一起经受考验吧，穿过莫哈韦沙漠（Mojave Desert）鬼城，经过巴斯托（Barstow）和维克托维尔（Victorville）这样火车仅作短暂停留的小地方，再翻越Cajon Summit，最终，在洛杉矶盆地刹住前行的车轮，把车停在圣莫尼卡码头（Santa Monica Pier）尽头那汹涌的海浪前。

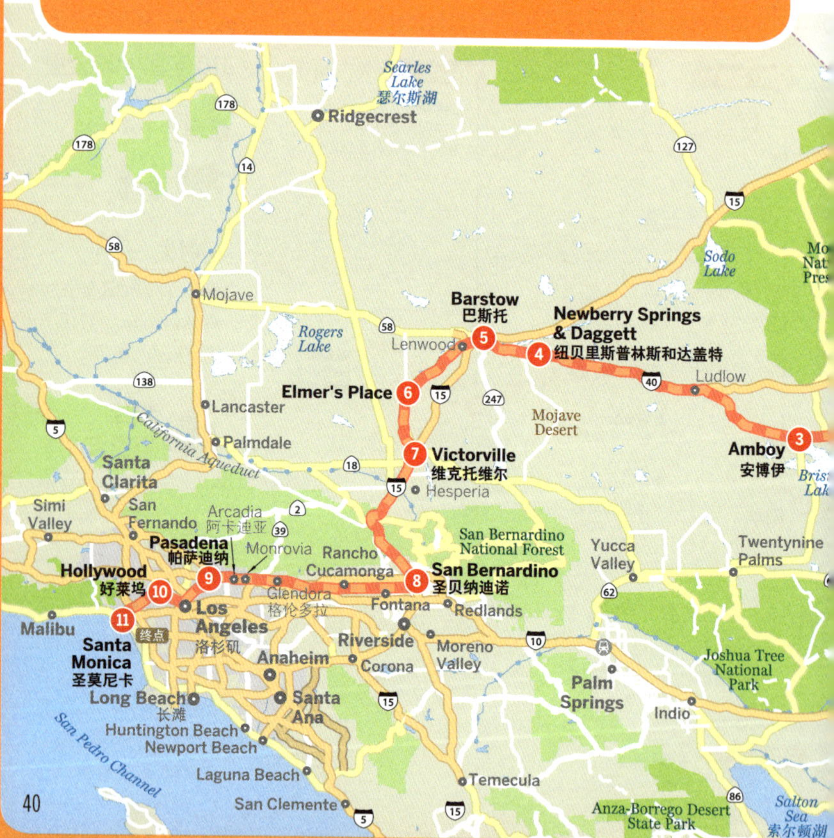

## ❶ 尼德尔斯（Needles）

在40号州际公路以南的亚利桑那州边境，**老步道拱桥**（Old Trails Arch Bridge；40号州际公路1号出口，加利福尼亚州—亚利桑那州边境以东；⏲不对公众开放）恭迎着母亲之路进入到无尽蓝色天空下的加利福尼亚州。你或许能认出这座桥来：在约翰·斯坦贝克的小说《愤怒的葡萄》电影版中，大萧条时期的乔德（Joad）一家正是经由这座桥跨越了科罗拉多河（Colorado River）。向西行经过**尼德尔斯**，这是个破败的旧日铁路小镇，河边有一处历史悠久的酒店，目前还处于翻修一半的状态下，**El Graces Depot**是边疆开发时期留存在美国西部为数不多的哈维房屋（Harvey House）之一。哈维房屋是19世纪末、20世纪初很受欢迎的一个连锁式的铁路酒店及餐厅，因其女招待而闻名——朱迪·加兰（Judy Garland）曾在1949年米高梅公司的音乐剧《哈维姑娘》（*The Harvey Girls*）里饰演了这样一个角色。沿着Broadway往南走一小段，你会在Desnok St街角经过一处全新修复的**66号汽车旅馆标志**——可以来一张美照。

**行驶路上 »** 在尼德尔斯西面，沿着40号州际公路以北的95号公路走6英里，然后左转到Goffs Rd路。不出意外的话，你会看见一节长长的火车头——这里曾是去往西海岸的一处主要铁路运输线路。

## ❷ 格弗斯（Goffs）

藏身于杨树树荫下，建于1914年教会风格的**格弗斯校舍**（Goffs Schoolhouse；☎760-733-4482；www.mdhca.org；37198 Lanfair Rd；欢迎捐赠；⏲周六及周日 通常 9:00~16:00）是个宜人的休憩之地，可以让人暂时躲避漫漫长路上的烈日。这里属于莫哈韦沙漠中保存最为完好的西部开发先驱者定居点的一部分（坦诚地说，这里看着有点像是一个空荡荡的墨西哥式连锁餐厅Taco Bell）。看一看贫困的黑色风暴事件移民的黑白照片，会让你切身体会到住在莫哈韦沙漠边缘的艰苦生活。

**行驶路上 »** 继续沿着Goffs Rd路穿过Fenner，从40号州际公路的下方通过。往右转到National Old Trails公路（National Old Trails Hwy，在一些地图和路标上也被称为National Trails Hwy），然后开行约一小时。这段路应该是最酷的路段，废弃的服务站上画满了涂鸦，旧日的路标在烈日和广阔的天空下变得锈迹斑斑。

线路亮点

## ❸ 安博伊（Amboy）

美国最原始的跨国公路于1912年铺设而成，虽然坑坑洼洼、跌跌撞撞，却又不失浪漫，比经过此地的66号公路通车时间早了不止10年。布满车辙的公路经过极小的村镇，稀疏地四散于莫哈韦沙漠各处。仅有少数几个地标会打破地平线上的沉寂，包括**Roy's汽车旅馆及咖啡馆**（Roy's Motel & Cafe；www.rt66roys.com；National Old Trails Hwy；免费入场；⏲开放时间不定），这里数十年来是66号公路旅行者的标志性酒吧。如果你相信传言的话，Roy曾在一辆63年Mercury车的引擎盖上烹饪他那颇有名气的66号公路双层芝士汉堡。尽管这个汽车旅馆已遭废弃，但加油站和咖啡馆倒是偶尔开放。这里位于**安博伊火山口**（Amboy Crater；☎760-326-7000；www.blm.gov/ca；安博伊以西1英里处；入场免费；⏲日出至日落）以东——这是一个几乎完美对称的由火山灰烬形成的锥状山体。你可以徒步登顶，但最好避开正午的骄阳——1.5英里的路途上一丝遮荫的地方都没有。

**行驶路上 »** 从安博伊沿着National Old Trails公路开到Ludlow，这一段长30英里。在Ludlow右转到Crucero Rd路后从40号州际公路的下方通过，然后选走北面的辅路向西行，再左转到Lavic Rd路，重新回到40号州际公路的南面，继续在National Old Trails公路上保持向西行。整个路线需时约1小时45分钟。

## ❹ 纽贝里斯普林斯（Newberry Springs）和达盖特（Daggett）

在经过**达盖特**时，公路再次从40号州际公路下方通过，在《愤怒的葡萄》一书中，这里是黑色风暴事件难民所面对的苛刻的加州检查站的所在地。今天，这里较为平淡，不过也算是个多风、景色如画的地方。在古老的**Stone酒店**（National Old Trails Hwy, Daggett；⏲仅对住店客人开放）向早期沙漠探险者们致敬吧。这个19世纪末期的酒店曾经住过矿工、沙漠探险者和流浪者们，包括内华达山脉（Sierra Nevada）的自然学家约翰·缪尔（John Muir）和“死亡山谷”斯科蒂（Death Valley Scotty）。然后再出城探访**Calico鬼城**（Calico Ghost Town；☎800-862-2542；www.calicotown.com；36600 Ghost Town Rd, Yermo；成人/儿童 $8/5；⏲9:00~17:00；👪），这个做作而讨喜的西部怀旧景点，是在一座19世纪晚期的银矿镇废墟上重建的一批开拓者时期风格的建筑。你需要额外付费才能参加“淘金”、游览Maggie矿或是搭乘一列窄轨火车。庆祝旧日传统的活动包括内战“重演”以及一场蓝草音乐“民谣合唱会”。

**行驶路上 »** 向西开到Nebo Rd路，左转重新回到40号州际公路上。驾驶大概15分钟即到达Barstow Road路出口。

## ❺ 巴斯托（Barstow，见117页）

离开州际公路驶入Main St街，这条路会穿过巴斯托——一个铁路定居点，同时也是具有历史意义的十字路口，这里城中心的废弃建筑上画满了壁画。沿着1st St街向北经由一座高架桥越过莫哈韦河（Mojave River），就可以到达一座建于1911年的哈维房屋（Harvey House，始自1878年的铁路沿线餐厅、酒店连锁品牌），昵称叫作“沙漠之家”（Casa del Desierto），是由西部建筑师玛丽·科尔特（Mary Colter）设计的。在一个小小的铁路博物馆旁边的是**66号公路“母亲之路”博物馆**（Route 66 'Mother Road' Museum；☎760-255-1890；www.route66museum.org；681 N 1st St, Barstow；欢迎捐赠；⏲周五及周六10:00~16:00，周日11:00~16:00，或通过预约），这里展出黑白历史照片以及20

### 最佳建议
### 母亲之路的导航

对那些试图征服66号公路每一英里的爱好者们来说，可以去www.historic66.com找一份免费的网络路线规划驾驶指南。还可以登录www.route66ca.org查看更多的历史背景知识、照片以及和特殊事件相关的信息。

世纪早期日常生活的零碎物品。这里当年也是一座哈维房屋。

**行驶路上 »** 经由Main St街离开巴斯托，重新回到National Old Trails公路西面。这条路跟随莫哈韦河一起蜿蜒前行，穿过Lenwood。25分钟之后你将到达Elmer's Place。

## 6 Elmer's Place

这条乡村小道深受哈雷摩托骑士们的喜爱，像母亲之路废墟的寻宝游戏一般，如古老的加油站和摇摇欲坠的汽车旅馆。**Elmer's Place**（24266 National Trails Hwy；⏲24小时）是一个路边的民俗艺术收集站，有一棵由各种回收的苏打汽水瓶和啤酒瓶、电话线杆和铁路路标搭建而成的"瓶子树"，如同一盒蜡笔一般多彩。埃尔默·朗（Elmer Long）曾是一个水泥厂的职员，他是这里的经营者，一个略显古怪的艺术天才，你会在出城时经过这个水泥厂。如果你看见一个有着花白长胡须、皮肤粗糙如皮革的人正将一座铜制神像黏合到麋鹿角上，那你就找对人了。想要给66号公路留下点属于自己的东西？可以带点玩意儿献给埃尔默·朗的多彩森林，这可是用小件废弃物用心打造而成的。

**行驶路上 »** 经由一座20世纪30年代建成的钢架桥上穿过莫哈韦河，然后开进维克托维尔城中心，这段路程约20分钟。

## 7 维克托维尔（Victorville）

位于铁路轨道对面的就是小而安静的维克托维尔，游客们在**加利福尼亚66号公路博物馆**（California Route 66 Museum；☎760-951-0436；www.califrt66museum.org；16825 D St；欢迎捐赠；⏲周四至周六及周一 10:00~16:00，周日11:00~15:00）里闲逛，观赏历史展览和当代艺术的大杂烩。博物馆建筑本身曾经是Red Rooster咖啡馆——66号公路上一个著名的客栈。这有点像是混乱的怀旧之旅——堆满了老旧的标识和路边纪念物——但还是值得快速地瞧一瞧。

**行驶路上 »** 回到15号州际公路，往南开过令人怯步的峡谷险峰Cajon Summit。向下行驶到圣贝纳迪诺（San Bernardino），取道215号州际公路，并在Devore的出口出去。沿着Cajon Blvd大街到达Mt Vernon Ave大道，向东绕到Base Line St街，然后再往左进入"E" St街，这段路程需时约40分钟。如果你饿了，那就在Hesperia一个经典的餐馆Summit Inn停下来吃一顿。

## 8 圣贝纳迪诺（San Bernardino）

在**首家麦当劳博物馆**（First McDonald's Museum；☎909-885-6324；1398 N E St；⏲10:00~17:00）外找一下金色拱门。正是在这里，销售员雷·克拉克（Ray Kroc）登门向迪克（Dick）和马克·麦当劳（Mac McDonald）推销一个搅拌器。最终，克拉克购买了两兄弟名字的使用权并构建了一个帝国。博物馆的一半被用来专门献给66号公路，展出极其有意思的照片和地图。在5th St街往西行，经由Foothill Blvd大街离开圣贝纳迪诺，这条路一直通向蔓延扩张的大洛杉矶。往西通向帕萨迪纳的是一段长路，大部分时间内都因为交通原因而走走停停，但沿途还是有不少有待发掘的宝藏。开车兜过丰塔纳（Fontana）——地狱天使（Hells Angels）骑手俱乐部的诞生地，在**巨橙**（Giant Orange；15395 Foothill Blvd，Fontana；⏲不对公众开放）旁停下来拍张照，这是一家20世纪20年代的果汁铺，就是那种曾经位于SoCal的柑橘园旁的固定摊铺。

**行驶路上 »** 继续沿着66号公路前行，它会暂时绕到Alosta Ave大道。在格伦多拉（Glendora）用午餐，之后不久66号公路就在Azusa回归到Foothill Blvd大街。继续向前开到杜阿尔特（Duarte）的Huntington Dr，这里在9月中旬时会举办喧闹的66号公路游行。

ALAN COPSON / GETTY IMAGES ©

ALAN COPSON / GETTY IMAGES ©

## 为何经典

### 纳特·卡瓦列里，本书作者

或许原因可以追溯到那些建立了这个国家的转瞬即逝的流浪者们身上，不过美国精神中一直深植着一种不懈的呼唤，驱动着我们踏上开放之旅。而且没有任何一条路可以和66号公路那无穷无尽的两车道柏油路一样令人满足。边走边唱，做着白日梦，跟随这条经典之路直到太平洋海岸是一个基本的美国式体验。

上图：66号公路路标
左图：经典款汽车的细节
右图：Calico鬼城（见42页）

## 9 帕萨迪纳（Pasadena，见115页）

就在你到达帕萨迪纳之前，会经过阿卡迪亚（Arcadia），这里有建于20世纪30年代的**Santa Anita公园**（☎626-574-7223，游览信息 626-574-6677；www.santaanita.com；285 W Huntington Dr；游览免费，赛马门票 $5~10，17岁以下免费；⏲赛马 圣诞节至次年4月中，9月底至11月中，游览 周六及周日 8:30及9:45）。马克斯兄弟（Marx Brothers）的《赌马风波》（*A Day at the Races*）正是在这个赛马场拍摄[以及HBO最近的美剧《鸿运赛马》（*Luck*）]，传奇的英国纯种马Seabiscuit也曾在这里跳跃奔腾过。从高耸的装饰艺术入口进入正面看台，你会感觉自己像是个百万富翁——即使你赢不下什么赌注。在赛马季，游览车团可以进入看台后方的骑手房间以及训练区域，需提前预订。继续沿着Colorado Blvd大街前行，将进入富有的**老帕萨迪纳**，这是个热闹非凡的购物区，拥有20个街区，在Arroyo Pkwy公园路的西面，这里的精品店和咖啡馆都集中在豪华翻修的西班牙殖民地时期建筑内。

**行驶路上 »** 由Pasadena高速公路（Hwy 110）进入阔佬们的现代世界，这条路往南通向洛杉矶。作为美国最早的高速公路之一，它是一条

## 当地人声音
## 阿兹特克酒店

**阿兹特克酒店**（Aztec Hotel；☎626-358-3231；311 W Foothill Blvd, Monrovia）仍然竭尽全力保留了其原汁原味的部分。它位于校准之前的老66号公路上。拜访此地从未令我厌倦，我也每次都能在这里体验到新鲜事物。酒店据说一直闹鬼——一位度蜜月的女士曾在此死去。曾经，好莱坞名流们在去Santa Anita公园赛马之前会来这里的地下酒吧享用一杯。

*凯文·汉斯（Kevin Hansel），加州66号公路历史协会（California Historic Route 66 Association）。*

不允许货车通行的州历史高速公路（State Historic Freeway）——整段路需时20分钟。如果你还不太想过早地结束行程，那就在洛杉矶闪耀的魅力中漫步一会儿吧。

### ⑩好莱坞（Hollywood，见111页）

如同银幕上的女主角复出一样，**好莱坞**已然东山再起了。尽管其黄金时代的荣光尚未全然恢复——那荣光曾经吸引了妄想成名的小明星们沿着66号公路蜂拥而至，这块具有历史意义的区域仍然值得探访一番，这里有修复的电影艺术宫、独一无二的博物馆和**星光大道**上的粉色明星们。找寻经过此地的66号公路的确切路线现在已无可能（它被正式地变动过好几次，原路也早已经被覆盖了），但探访一番位于Santa Monica Blvd大街以北的**好莱坞高地**（Hollywood & Highland, 6801 Hollywood Blvd）倒是一个不错的尝试。**好莱坞游客信息中心**（Hollywood Visitor Information Center；☎323-467-6412；www.discoverlosangeles.com；⏲周一至周六 10:00~22:00，周日 10:00~19:00）位于楼上。想要和昨日之星来一场有趣而令人毛骨悚然的"亲密交流"的旅行者们，可以在**好莱坞永恒公墓**（Hollywood Forever Cemetery；www.hollywoodforever.com；6000 Santa Monica Blvd；⏲8:00~17:00；Ⓟ）里漫步一番，公墓就在派拉蒙影城（Paramount Studios）隔壁，大名鼎鼎的"不朽人物"们在此齐聚一堂，包括鲁道夫·瓦伦蒂诺（Rudolph Valentino）、泰隆·鲍华（Tyrone Power）、简·曼斯菲尔德（Jayne Mansfield）和西塞尔·B.德米尔（Cecil B DeMille）。在靠近入口处的花店买一份地图（$5）。这里也提供**电影放映**服务。

**行驶路上 »** 沿着Santa Monica Blvd大街西行11英里，来到路的尽头——这里和太平洋海岸公路（Pacific Coast Highway，即Hwy 1）交汇。向南几个街区之外就是码头，位于北面的是帕利赛德斯公园（Palisades Park）。

线路亮点

### ⑪圣莫尼卡（Santa Monica，见108页）

这里就是终点：66号公路走完了全程，从起点芝加哥算起共覆盖了2200英里的路程，尽头位于**帕利赛德斯公园**的一处海岸断崖，这里的一块威尔·罗杰斯公路（Will Rogers Hwy）纪念牌匾标志着官方上的母亲之路的终结。在**圣莫尼卡码头**（Santa Monica Pier；☎310-458-8900；www.santamonicapier.org；Ocean Ave以西；入场免费；⏲24小时；👪🐾）庆祝一下吧，你可以骑着20世纪20年代的旋转木马——它曾出现在电影《骗中骗》（*The Sting*）中，在**圣莫尼卡码头水族馆**（Santa Monica Pier Aquarium；☎310-393-6149；www.healthebay.org；1600 Ocean Front Walk；成人/儿童 $5/免费；⏲周二至周五 14:00~17:00，周六及周日 12:30~17:00；👪）和潮汐池内的海洋动物们亲密接触，还可以在**太平洋公园**（Pacific Park；☎310-260-8744；www.pacpark.com；380

圣莫尼卡的滨海步道

Santa Monica Pier; 无限次乘坐/低于42英寸 $20/11; ⌚6月至8月 周日至周四 11:00~21:00，周五及周六 11:00至午夜，9月至次年5月 开放时间更短；👪）的太阳能摩天轮上观赏一场日落。全年开放的嘉年华游乐场包括西海岸唯一的滨海钢结构过山车——对于告别这趟经典之旅来说，是一次惊险刺激的乘坐体验。

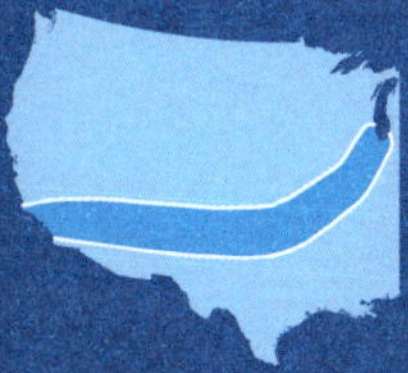

# 在路上

## 66号公路东段（见50页）

从芝加哥市中心开启你的怀旧探险吧，之后你将一路穿越伊利诺伊州、密苏里州、堪萨斯州的13英里路段，以及俄克拉何马州。

## 66号公路中段（见74页）

从布赖斯峡谷（Bryce Canyon）到惠勒峰（Wheeler Peak），引人注目的自然景观在美国西南部数不胜数。尽管这些地标令人振奋，但它们之间的旅程才让人回味无穷。

## 66号公路西段（见108页）

从亚利桑那州边境炎热无比的尼德尔斯开始，加速穿越莫哈韦沙漠中铁路旁的怪诞鬼城，一直到棕榈树摇曳的圣莫尼卡狂欢码头。

美洲原住民表演，盖洛普（见95页）

# 66号公路东段

开启穿越大平原（Great Plains）的辽阔路途之前，在芝加哥好好享受大城市的便利吧。

## 伊利诺伊州

芝加哥是本州的主宰，这里有高耸的建筑和最棒的博物馆、餐厅和音乐俱乐部。但向更远处的探险则可以让你发现分散在四处的当地英雄亚伯拉罕·林肯的纪念圣地，以及66号公路沿线的玉米热狗、派和汽车电影院。

### 资源

**伊利诺伊州旅游局**（Illinois Bureau of Tourism; www.enjoyillinois.com）

**伊利诺伊州公路状况**（Illinois Highway Conditions; www.gettingaroundillinois.com）

**伊利诺伊州立公园**（Illinois State Parks; www.dnr.illinois.gov/recreation）州立公园免费开放。露营地收费在$6到$35。

## 芝加哥（Chicago）

对芝加哥的爱就"好比爱上了一个有着塌鼻梁的女人，你或许可以找到其他更可爱的尤物，但再没有另一个像这个女人一般可爱而真实"——作家纳尔逊·艾格林（Nelson Algren）在《芝加哥：急速发展中的城市》（*Chicago: City on the Make*）中如此总结道。这个高耸入云的城市的确有蛊惑人心的一面。好吧，也许长达6个月的冬季令人却步，届时"风城"被暴风雪无情地侵袭。然而，当5月到来时，天气转暖，每个人都迫不及待地投身到户外节日、棒球场、湖滨沙滩和啤酒花园中——啊，没有哪里可以超越芝加哥（从字面上说也是如此：世界上最高的一些建筑物就在这里）。

除了宏伟的建筑之外，芝加哥城里有墨西哥、波兰、越南和其他少数族裔街区可以漫步其中。一周的任意一晚，你都能在这个城市找到蓝调、爵士和摇滚俱乐部。这里还是吃货的地盘，排队买热狗的人数丝毫不逊于北美顶级餐厅外等候预订的队伍。

原谅我们，不过这点不得不提：低调而充满文化气息的风城一定会震撼到你。

### 景点

芝加哥主要的景点大多数在市中心和邻近区域。

Loop区——即市中心和金融区——因环绕街道的轻轨列车轨道而得名。这里全天都很繁忙，夜间则归于平静，但千禧公园（Millennium Park）和剧场区（Theater District，靠近N State St街和W Randolph St街的交叉路口）会依旧喧闹。Loop区南部包括市中心的低地区域和格兰特公园（Grant

Park)，临湖的博物馆园区(Museum Campus)人头攒动，新兴的高端住宅区也崭露头角。

商店、餐厅和娱乐场所在Near North区比比皆是，而Gold Coast区作为芝加哥最富有的居民区已有超过125年的历史。

**威利斯大厦** 高塔

(Willis Tower; ☎312-875-9696; www.the-skydeck.com; 233 S Wacker Dr; 成人/儿童 $19/12; ⏰4月至9月 9:00~22:00，10月至次年3月 10:00~20:00; Ⓜ棕线、橘线、紫线、粉线到Quincy) 这是芝加哥的最高建筑，103层高的观景台将你带到1353英尺的高空。震人耳膜的电梯用70秒就将你带至顶楼，再踏上突出于半空的玻璃地板平台，颤抖着膝盖往下看。入口位于Jackson Blvd大街。

**谢德水族馆** 水族馆

(Shedd Aquarium; ☎312-939-2438; www.sheddaquarium.org; 1200 S Lake Shore Dr; 成人/儿童 $31/22; ⏰9月至次年5月 周一至周五 9:00~17:00，周六及周日 9:00~18:00，6月至8月每天 9:00~18:00; 👪; 🚌146, 130) 谢德水族馆深受孩子们的欢迎，其中最具吸引力的展馆包括海洋水族馆和鲨鱼展示馆，水族馆有大白鲸和嬉戏玩耍的短吻海豚，而在鲨鱼馆，你与那二十多条海洋中的"凶神恶煞"之间的距离只有5英寸的树脂玻璃。4D剧场、触摸水箱和水生动物表演秀需要另外付费(每个项目约$5)。

**菲尔德自然历史博物馆** 博物馆

(Field Museum of Natural History; ☎312-922-9410; www.fieldmuseum.org; 1400 S Lake Shore Dr; 成人/儿童 $18/13; ⏰9:00~17:00; 👪; 🚌146, 130) 菲尔德博物馆有如庞然大物一般，想得到的和想不到的东西应有尽有——甲壳虫、木乃伊、宝石、猿猴

ALLAN BAXTER / GETTY IMAGES ©

从海军码头看见的芝加哥天际线

# Downtown Chicago 芝加哥市中心

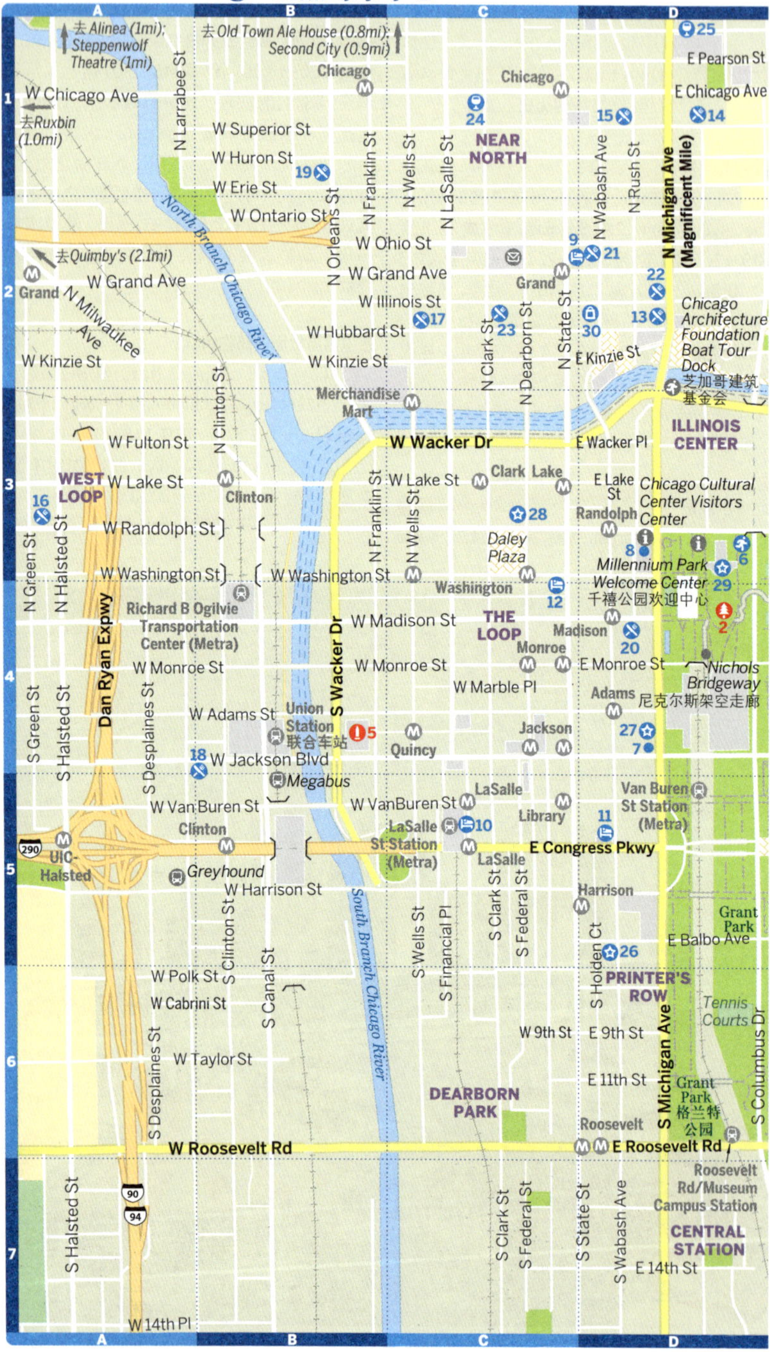

# Downtown Chicago
# 芝加哥市中心

**景点**

1 菲尔德自然历史博物馆 ........ E7
2 千禧公园 ........ D4
3 海军码头 ........ F2
4 谢德水族馆 ........ E6
5 威利斯大厦 ........ B4

**活动、课程和团队游**

6 Bike Chicago ........ D3
7 芝加哥建筑基金会 ........ D4
8 Chicago Greeter ........ D3

**住宿**

9 Acme Hotel ........ C2
10 Buckingham Athletic Club Hotel .. C5
11 HI-Chicago ........ D5
12 Hotel Burnham ........ C4

**就餐**

13 Billy Goat Tavern ........ D2
14 Gino's East ........ D1
15 Giordano's ........ D1
16 Little Goat ........ A3
17 Lou Malnati's ........ C2
18 Lou Mitchell's ........ B4
19 Mr Beef ........ B1
20 Pizano's ........ D4
21 Pizzeria Uno ........ D2
22 Purple Pig ........ D2
23 Xoco ........ C2

**饮品和夜生活**

24 Clark Street Ale House ........ C1
25 Signature Lounge ........ D1

**娱乐**

26 Buddy Guy's Legends ........ D5
27 Chicago Symphony Orchestra ..... D4
28 Goodman Theatre ........ C3
29 Grant Park Orchestra ........ D3

**购物**

Chicago Architecture Foundation Shop ........ （见7）
30 Jazz Record Mart ........ D2

Bushman的标本……藏品中的超级明星是Sue——迄今发现的体型最大的雷克斯霸王龙，甚至拥有属于自己的专题礼品店。特别展览和3D电影需要另外付费。

**海军码头** 水滨

（Navy Pier; ☎312-595-7437; www.

navypier.com; 600 E Grand Ave; ⏲6月至8月 周日至周四 10:00~22:00，周五及周六 10:00至午夜，9月至次年5月周日至周四 10:00~20:00，周五及周六 10:00~22:00; 🚻; Ⓜ红线到Grand，再转有轨电车）免费 长达半英里的海军码头是芝加哥游客最多的景点，这里拥有一座150英尺高的摩天轮和其他一些嘉年华游乐场（每个项目$6至$7）、一座IMAX剧场、一个啤酒花园、数家游船经营商和几个玩噱头的连锁餐厅。当地人对这里的商业化颇有怨言，但湖畔的景致和清爽的微风无处可比。夏季逢周三（21:30）和周六（22:15）会有烟火表演，也不容错过。2016年的革新举措是建成一座滑冰场和一些额外的娱乐设施。

## 团队游

如果在线预订，许多公司都能提供折扣。除非特别说明外，户外团队游仅在4月至11月间运营。

**芝加哥建筑基金会** 游船、步行游

（Chicago Architecture Foundation，简称CAF; ☎312-922-3432; www.architecture.org; 224 S Michigan Ave; 团队游 $15~45; Ⓜ棕线、橘线、绿线、紫线、粉线到Adams）这个黄金标准的游船团队游（$42）从Michigan Ave大道的河边码头登船。颇受欢迎的"崛起的摩天大楼"（Rise of the Skyscraper）步行团队游（$20）从位于市中心Michigan Ave大道的办公地址出发。工作日午餐团队游（$15）带你探访一些独立的地标性建筑物。可在线或直接在CAF购票。

**Chicago Greeter** 步行游

（www.chicagogreeter.com）免费 和一位当地的城市居民组成一队，这位居民将带你体验完全个性化的2至4小时的游览，可以根据主题（建筑、历史、同性恋或者更多）或街区进行量身选择。游览方式为步行及/或公共交通。需提前10个工作日预订。

**Bike Chicago** 骑自行车

（☎312-729-1000; www.bikechicago.com; 239 E Randolph St; 自行车 每小时/天 $9/36起，团队游 成人/儿童 $40/30起; ⏲全年 周一至周五6:30~19:00，4月至10月 周六及周日 9:00~19:00; Ⓜ棕线、橘线、绿线、紫线、粉线到Randolph）租一辆自行车就能尝试DIY式游玩，也可以参加有向导带领的团队游。后者可选的主题有湖滨公园及景点、比萨饼和热狗美食，或市中心景点及夜间烟火之旅（强烈推荐）等。价格包含了车锁、头盔及地图。

## 住宿

住在Loop区的酒店去往博物馆、节日举办地和商务区都很方便，但此区域在夜幕降临后就变得死气沉沉。Near North区和Gold Coast区的住宿最受欢迎，因为距离餐馆、购物和娱乐场所都不远。

除非特别说明，Wi-Fi都是免费的。芝加哥停车非常昂贵，市中心地带约$50每晚，而稍偏远的邻区则为$22。

**HI-Chicago** 青年旅舍 $

（☎312-360-0300; www.hichicago.org; 24 E Congress Pkwy; 铺 含早 $32~40; P ❄ @ 🛜; Ⓜ棕线、橘线、紫线、粉线到Library）芝加哥最好的青年旅舍一尘不染，位于Loop区的便利地带，亮点是提供带工作人员的信息服务台、免费的由志愿者带领的团队游，以及博物馆和表演秀的打折券。简单的宿舍房间有6至12张床铺，多数房间都带有浴室。

**Buckingham Athletic Club Hotel** 精品酒店 $$

（☎312-663-8910; www.bac-chicago.com; 440 S LaSalle St; 房间 含早 $179~249; P ❄ 🛜 ≋; Ⓜ棕线、橘线、紫线、粉线到LaSalle）这家拥有21个房间的酒店位于芝加哥证券交易所大楼（Chicago Stock Exchange building）的40层，并不容易找得到。找到之后有何惊喜？房间如此宽敞，在别的地方都能被当作套房了，还能免费使用带有一个小型健身游泳池的同名健身房。

**Acme Hotel** 精品酒店 $$$

（☎312-894-0800; www.acmehotel-company.com; 15 E Ohio St; 房间 $179~309;

P❄@📶；Ⓜ红线到Grand）城市波希米亚一族喜欢Acme独立酷炫的风格，价格（通常情况下）也可以承受。这里的130个房间将工业设备与复古灯具、20世纪中叶的家具和时髦的现代艺术融合在一起。除此之外，这里还有免费的Wi-Fi、不错的扬声器和智能电视，还能轻松地连接你自己的设备听音乐、看电影。涂鸦、霓虹和熔岩灯点缀着公共区域。

**Hotel Burnham** 精品酒店 $$$

（☎312-782-1111；www.burnhamhotel.com；1 W Washington St；房间 $269~399；P❄@📶🐾；Ⓜ蓝线到Washington）这里的业主夸口Burnham酒店拥有全芝加哥最高的回头客率，不难看出原因是什么。酒店位于19世纪90年代的地标性建筑信托大厦（Reliance Building，现代摩天大楼的先驱）内，它时尚的装饰风格吸引来了建筑爱好者们。桃花心木的写字桌和躺椅装点着明亮、奶黄色的房间。每天晚上都有免费的品尝葡萄酒时段。

## 就餐

需要在去哪儿吃这个问题上获得一些指点？LTH论坛（www.lthforum.com）是个不错的当地网络资源。

### Loop区及Loop区西部

Loop区大多数的餐馆主要提供办公室职员们的午餐，Loop区西部有不少大厨经营的餐厅。

### 被誉为“芝加哥三圣”的特产

芝加哥为世人呈现了三种美食特产。打头阵的是**厚比萨饼**，这种饼的面皮达2至3英寸厚，上铺融化了的各种浇头。吃上黏黏的一块就相当于吃了一顿饭。均价为$22的一大块比萨饼可以在以下地方找到：

**Pizzeria Uno**（www.unos.com；29 E Ohio St；小比萨饼 $13起；⏲周一至周五 11:00至次日1:00，周六 11:00至次日2:00，周日 11:00~23:00；Ⓜ红线到Grand）厚比萨饼的概念应该是1943年发源于此。

**Gino's East**（www.ginoseast.com；162 E Superior St；小比萨饼 $15起；⏲周一至周六 11:00~21:30，周日 正午至21:30；Ⓜ红线到Chicago）在等待比萨饼的时候可以在墙上写点什么来打发时间。

**Lou Malnati's**（www.loumalnatis.com；439 N Wells St；小比萨饼 $12起；⏲周日至周四 11:00~23:00，周五及周六 11:00至午夜；Ⓜ棕线、紫线到Merchandise Mart）这里的黄油面皮很有名。

**Giordano's**（www.giordanos.com；730 N Rush St；小比萨饼 $15.50；⏲周日至周四 11:00~23:00，周五及周六 11:00至午夜；Ⓜ红线到Chicago）番茄酱味道浓烈得恰到好处。

**Pizano's**（www.pizanoschicago.com；864 N State St；10英寸比萨饼 $14起；⏲周日至周五 11:00至次日2:00，周六 11:00至次日3:00；Ⓜ红线到Chicago）奥普拉（Oprah）的最爱。

芝加哥热狗也毫不逊色——维也纳香肠被“从花园中拖过”（即搭配了洋葱、西红柿、碎生菜、灯笼椒、希腊金椒和腌制品，或稍有变化，但从不放番茄酱），然后再夹进一个罂粟籽面包内食用。

**Portillo's**（☎312-587-8910；www.portillos.com；100 W Ontario St；主菜 $4~7；⏲周日至周四 10:00~23:00，周五及周六 10:00至午夜；Ⓜ红线Grand）摆放得很漂亮。

这个城市的另一推荐是其火辣、多汁、仅在芝加哥能找到的**意大利牛肉三明治**。**Mr Beef**（666 N Orleans St；三明治 $4~7；⏲周一至周五 9:00~17:00，周六 10:00~15:00，周五及周六 22:30至次日4:00；Ⓜ棕线、紫线到Chicago）拥有金牌标准。

# 步行游览 The Loop区

**起点：芝加哥期货交易所**

**终点：BILLY GOAT餐馆**

**距离：3英里，2小时**

这个游览将Loop区一扫而过，亮点是芝加哥备受尊崇的艺术与建筑，再顺便拜访一下阿尔·卡彭的牙医老巢。

起点位于❶**芝加哥期货交易所**（Chicago Board of Trade），衣着光鲜的工作人员在这幢酷酷的装饰艺术建筑里交换着玉米期权（或某些类似之物）。走到附近的❷**Rookery**去看看放置在中庭的弗兰克·劳埃德·赖特的手工制品。

向东沿着Adams St街来到❸**艺术学院**，这里是该城最受欢迎的景点。前门外的狮子雕塑是经典的拍照留念处。向北走几个街区可以到达前卫的❹**千禧公园**。

离开公园后，向西沿着Washington St街走到❺**Hotel Burnham**。这个酒店位于信托大厦（Reliance Building）内，该大厦是现代摩天大楼设计的先驱，卡彭的牙医正是在这栋楼内的809号房间内开诊的。就在西面，毕加索的抽象派❻**无题**（Untitled）雕塑藏身于Daley广场上。然后再往北沿着Clark St街去看让·杜布菲（Jean Dubuffet）的❼**立兽纪念碑**（Monument with Standing Beast），这是另一个让人费解的雕像。

沿着Randolph St街往东穿过剧场区，进入❽**芝加哥文化中心**（Chicago Cultural Center）去看看有什么免费的展览或音乐会。现在，往北沿着Michigan Ave大道穿过芝加哥河（Chicago River）。就在桥的北面，你会经过明亮闪耀的白色❾**Wrigley大楼**，以及附近哥特式、引人注目的❿**Tribune塔**。

在结束行程之前，参观一下⓫**Billy Goat餐馆**，芝加哥小熊队多年无冠的“山羊魔咒”就是由此而起。

**Lou Mitchell's** 早餐 $

见18页。

**Little Goat** 餐馆 $$

（www.littlegoatchicago.com；820 W Randolph St；主菜 $8~14；⏲周日至周四 7:00~22:00，周五及周六 7:00至午夜；📶✍；Ⓜ绿线、粉线到Morgan）Top Chef真人秀节目的冠军斯蒂芬妮·伊扎德（Stephanie Izard）在她那家永远满客的主餐厅Girl and the Goat的街对面为美食爱好者们又开了这家餐馆。坐在复古式的旋转椅上，从全天供应早餐的菜单上做个选择。或者可以试试热门午餐之选，比如山羊肉糜佐土豆泥天妇罗，或是五花肉配葱油饼。

## Near North区

你在这里可以找到芝加哥最主要的餐厅。

**Billy Goat Tavern** 汉堡 $

（www.billygoattavern.com；lower level, 430 N Michigan Ave；汉堡 $4~6；⏲周一至周五 6:00~14:00，周六及周日 10:00~14:00；Ⓜ红线到Grand）《论坛报》（*Tribune*）和《太阳报》（*Sun-Times*）的记者们在藏身于地下的Billy Goat已经大快朵颐了好几十年。点一个"芝士汉堡"和Schlitz啤酒，然后浏览一遍贴满报纸的四壁，看能不能从中发掘出一点不光彩的当地旧料，比如说"小熊队的诅咒"。

**Xoco** 墨西哥菜 $$

（www.rickbayless.com；449 N Clark St；主菜 $8~13；⏲周二至周四 8:00~21:00，周五及周六 8:00~22:00；Ⓜ红线到Grand）✍ 在名厨里克·贝雷斯（Rick Bayless）的墨西哥街头食物小店里，早饭来根热乎乎、嘎吱脆响的西班牙油条（churro），中饭来份带肉的三明治（torta），而晚饭则享受浓郁的汤（caldo）。

**Purple Pig** 地中海菜 $$

（☎312-464-1744；www.thepurplepig-chicago.com；500 N Michigan Ave；小盘 $8~16；⏲周日至周四 11:30至午夜，周五及周六 11:30至次日1:00；✍；Ⓜ红线到Grand）位于被誉为"壮丽一英里"（Magnificent Mile）的密歇根大道的黄金位置，菜单上丰富的肉类和蔬菜类食物，还有长长的平价酒单和开到深夜的营业时间，所有这些使得这里成为颇受众人喜爱的去处。以牛奶炖煮而成的猪肩肉是超赞的特色菜。

## 林肯公园（Lincoln Park）和Lake View区

Halsted St街和Clark St街是餐厅和酒吧林立的主要街道。

**Crisp** 亚洲菜 $

（www.crisponline.com；2940 N Broadway；主菜 $8~12；⏲11:30~21:00；Ⓜ棕线到Wellington）立体声音响里的音乐倾泻而出，便宜而美味的韩式融合菜从这家令人愉悦的咖啡馆的厨房里端了出来。这里的石锅拌饭叫作"坏男孩佛祖"，是城里最好的便宜午餐之一。

**Alinea** 现代美国菜 $$$

（☎312-867-0110；www.alinearestaurant.com；1723 N Halsted St；多道菜的菜单 $210~265；⏲周三至周日 17:00~21:30；Ⓜ红线到North/Clybourn）作为公认的北美最佳餐厅，Alinea呈现了18到22道令人大开眼界的"分子美食"。这里不接受预订，但提前2~3个月出售菜肴品尝票。登录网站查询详情，也可以关注推特（@Alinea），或许能在最后一刻抢到座位。

### 怎样找到一家真正的芝加哥酒吧

很遗憾，我们无法把城里每一家酒吧都列举于此，但我们可以为你提供工具，帮你依靠个人之力外出找寻经典、充满个性的酒吧。记得查看以下要点：

» 门口挂着一张"老式"的啤酒标志

» 室内有一张旧旧的飞镖靶或一张旧台球桌，或两者兼备

» 顾客们戴着印有小熊队、白袜队或熊队标志的球帽

» 啤酒瓶放置在冰桶中供应

» 电视播放体育台

## Wicker Park、Bucktown和Ukrainian Village

几乎每一天，这些区域都会有新的时髦餐厅开张。

**Irazu** 拉美菜 $$

（773-252-5687；www.irazuchicago.com；1865 N Milwaukee Ave；主菜 $9~14；周一至周六 11:30~21:30；蓝线到Western）芝加哥低调而孤单的哥斯达黎加餐馆的玉米煎饼里有鸡肉、黑豆和新鲜的牛油果，而三明治里的蔬菜酸甜酱汁也极其美味。点上一杯燕麦奶昔（avena）一起享用吧。只接受现金。

**Ruxbin** 现代美国菜 $$$

（312-624-8509；www.ruxbinchicago.com；851 N Ashland Ave；主菜 $26~32；周二至周五 18:00~22:00，周六 17:30~22:00，周日 17:30~21:00；蓝线到Division）经营Ruxbin的兄弟姐妹们非常富有激情，这一点在细节中随处可见：从以二手物品改装成的温暖的装饰品，到精心准备的美味佳肴，如五花肉沙拉配西柚、玉米面包和蓝纹奶酪。这里地方狭小，只有32个座位，允许自带酒水。

## Logan Square

Logan Sq广场已经成为富有开创精神、毫不浮夸的厨师们的“麦加”。小饭馆和饮料店环绕在Milwaukee、Logan和Kedzie Blvds几条大街的交叉路口。

**Longman & Eagle** 美国菜 $$$

（773-276-7110；www.longmanandeagle.com；2657 N Kedzie Ave；主菜 $15~30；周日至周五 9:00至次日2:00，周六 9:00至次日3:00；蓝线到Logan Sq）很难说这个简陋而又时髦的小酒馆是否是吃喝的最佳场所。说到吃的话，这里精心烹制的温馨美食已经得到了米其林的一星评分，如早餐的香草奶油蛋卷法式吐司，午餐的野猪肉糜和晚餐的枫糖浆炖猪小腿。这里也有一整份菜单，上面全是小份的多汁食物。不接受预订。

### 打折票

想要找到当周的半价剧场票，可以试试Hot Tix。你可以在线购买（www.hottix.org）或是在市中心的三处售票处购买。在每周初作选择最佳。

## 饮品和夜生活

**Signature Lounge** 休闲酒吧

（www.signatureroom.com；875 N Michigan Ave；饮品 $6~16；周日至周四 11:00至次日0:30，周五及周六 11:00至次日1:30；红线到Chicago）搭乘电梯上到约翰汉考克中心（John Hancock Center，芝加哥第三高的摩天大楼）的96层，俯瞰窗外城市的时候点上一杯饮品。提醒女性注意：别错过从卫生间看出去的风光。

**Clark Street Ale House** 酒吧

（www.clarkstreetalehouse.com；742 N Clark St；周一至周五 16:00至次日4:00，周六 11:00至次日5:00，周日 11:00至次日4:00；红线到Chicago）按照那块复古的标牌所建议的那样，“停下来，喝一杯”吧。美国中西部的微酿啤酒是这里主要的吸引力所在，品尝由三种不同的啤酒混合而成的饮品，价格$7。天气暖和的时候，后方会开设一个不错的啤酒花园。

**Old Town Ale House** 酒吧

（www.theoldtownalehouse.com；219 W North Ave；周一至周五 15:00至次日4:00，周六 正午至次日5:00，周日 正午至次日4:00；棕线、紫线到Sedgwick）这家颇受欢迎的酒吧毫不矫揉造作，常客多是上了点年纪的人，也有不少时尚漂亮的顾客，周围的墙上满是画着裸体政客的画作。他们一杯接一杯地品尝美酒。就位于Second City的街对面。

**Gingerman Tavern** 酒吧

（3740 N Clark St；周一至周五 15:00至次日2:00，周六 正午至次日3:00，周日 正午至次日2:00；红线Addison）台球桌、不错的啤酒种

类和穿钉与纹身的客人们，使得Gingerman从Wrigleyville周边那些运动酒吧中脱颖而出。

## ☆娱乐

登录www.chicagoreader.com查看演出清单。

### Green Mill　爵士

（www.greenmilljazz.com；4802 N Broadway；服务费 $5~15；⏲周一至周六 正午至次日4:00，周日 11:00至次日4:00；Ⓜ红线到Lawrence）永恒不变的Green Mill因曾是阿尔·卡彭（Al Capone）最喜爱的地下酒吧（他曾用来私藏酒品的地道仍然位于酒吧下方）而名声在外。坐进一个弧形的皮质隔间内，想象一下他的亡灵正催促你再来一杯马提尼。每晚都有当地或国内其他地方的爵士乐艺术家的表演。Green Mill在周日还主办赢得全国赞誉的诗歌会。

### Buddy Guy's Legends　蓝调

（www.buddyguy.com；700 S Wabash Ave；门票 周日至周四 $10，周五及周六 $20；⏲周一和周二 17:00至次日2:00，周三至周五 11:00至次日2:00，周六 正午至次日3:00，周日 正午至次日2:00；Ⓜ红线到Harrison）当地艺术家甚至国内顶尖的艺术家，都在这个标志性的Buddy Guy酒吧的舞台上卖力地演奏。老板巴迪·盖伊（Buddy Guy）本人则通常会在1月份参加一系列演出。周三到周日的正午至下午2点间，这里举办免费的声乐表演，适合任何年龄段的观众。

### Hideout　现场音乐

（www.hideoutchicago.com；1354 W Wabansia Ave；⏲周二 19:00至次日2:00，周三至周五 16:00至次日2:00，周六 19:00至次日3:00，周日及周一 时间不定；🚌72）这个只拥有两间房的小屋位于Bucktown边缘，藏身于一个工厂后方，这里表演的独立摇滚和另类乡村音乐非常值得一看。酒吧的所有者在此营造出一种局外人的地下风格，整个地方感觉像是自己祖母家游戏室的楼下。每晚都会举办音乐及其他活动（宾果游戏、文学朗诵会等）。

### Metro　现场音乐

（www.metrochicago.com；3730 N Clark St；Ⓜ红线到Addison）即将成名的当地乐队和那些试图“亲近”观众的举国闻名的乐手都能在Metro找到一席之地。

AMANDA HALL / GETTY IMAGES ©

密歇根大道，芝加哥最前沿的购物区

**Grant Park Orchestra** 古典音乐

（☎312-742-7638；www.grantparkmusicfestival.com；Pritzker Pavilion, Millennium Park；⏲6月中旬至8月中旬 周三和周五 18:30，周六 19:30；Ⓜ棕线、橘线、绿线、紫线、粉线到Randolph）免费 这个深受人们喜爱的乐团整个夏季都会在千禧公园举办免费的古典音乐会。

**芝加哥交响乐团** 古典音乐

（Chicago Symphony Orchestra；☎312-294-3000；www.cso.org；220 S Michigan Ave；Ⓜ棕线、橘线、绿线、紫线、粉线到Adams）美国最棒的交响乐团之一，在由丹尼尔·伯纳姆（Daniel Burnham）设计的管弦乐音乐厅上演。

## 剧院和喜剧

芝加哥在舞台戏剧表演方面的盛名当之无愧，许多作品最后都输送到百老汇上演。剧场区在State St街和Randolph St街集中了一些规模宏大、霓虹灯闪烁的场地。**Broadway in Chicago**（☎800-775-2000；www.broadwayinchicago.com）出售多数剧院的门票。

即兴喜剧表演发源于芝加哥，这个城市仍然鼎力支持着该行业中的翘楚。

**Steppenwolf Theatre** 剧院

（☎312-335-1650；www.steppenwolf.org；1650 N Halsted St；Ⓜ红线到North/Clybourn）由马尔科维奇（Malkovich）、辛尼兹（Sinise）和其他好莱坞明星们共同创建的戏剧俱乐部，位于Loop区以北2英里的林肯公园内。

**Goodman Theatre** 剧院

（☎312-443-3800；www.goodmantheatre.org；170 N Dearborn St；Ⓜ棕线、橘线、绿线、紫线、粉线、蓝线到Clark/Lake）该城另一处戏剧重地，以新兴和经典的美国作品闻名。

**Second City** 喜剧

（☎312-337-3992；www.secondcity.com；1616 N Wells St；Ⓜ棕线、紫线到Sedgwick）这里是百里挑一的所在，比尔·默里（Bill Murray）、斯蒂芬·科尔伯特（Stephen Colbert）、蒂娜·菲（Tina Fey）和许多其他大牌都曾在此淬炼过。最划算：晚上最后一场演出之后（周五除外），可以免费观看一场即兴喜剧表演。

**iO Theater** 喜剧

（☎312-929-2401；ioimprov.com/chicago；1501 N Kingsbury St；Ⓜ红线到North/Clybourn）芝加哥另一处主要的即兴喜剧场地，4个舞台每晚都上演带点“黄腔”的演出。

## 体育

**芝加哥小熊队** 棒球

（Chicago Cubs；www.cubs.com；1060 W Addison St；Ⓜ红线到Addison）小熊队上次赢得世界职业棒球联赛还是在1908年，但这丝毫没有影响球迷们对这支队伍的热情。部分原因是充满氛围、常春藤环绕的瑞格利球场（Wrigley Field），该球场的历史可追溯至1914年。粗糙的露台看台座椅是最受欢迎的座位。没有票？那就从Sheffield Ave大道上一个有车库门那么大的开放处往里窥望吧，这里被戏称为“节孔处”（knothole）。

**芝加哥白袜队** 棒球

（Chicago White Sox；www.whitesox.com；333 W 35th St；Ⓜ红线到Sox-35th）白袜队是小熊队位于城南的对手，他们的主场是更为现代的“Cell”，即美国行动通信球场（US Cellular Field）。该球场的门票通常比瑞格利球场便宜，周一晚门票半价。

## 购物

沿着被称为“壮丽一英里”的密歇根大道一带，是购物者无法抵挡的诱惑。

**Chicago Architecture Foundation Shop** 纪念品

（www.architecture.org/shop；224 S Michigan Ave；⏲9:00~18:30；Ⓜ棕线、橘线、绿线、紫线、粉线到Adams）天际线的海报、弗兰克·劳埃德·赖特（Frank Lloyd Wright）的便条卡片、摩天大楼的模型以及更多满足大

厦情结患者的玩意儿。

**Strange Cargo** 服装

（www.strangecargo.com；3448 N Clark St；⏲周一至周六 11:00~18:45，周日 11:00~17:30；Ⓜ红线到Addison）这家复古商店出售庸俗的熨烫式T恤衫，印着迪特卡（Ditka）、奥巴马（Obama）及其他著名的芝加哥人物。

**Jazz Record Mart** 音乐

（www.jazzmart.com；27 E Illinois St；⏲周一至周六 10:00~21:00，周日 正午至17:00；Ⓜ红线到Grand）一站式商铺，销售芝加哥爵士乐和蓝调CD及唱片。

**Quimby's** 书籍

（www.quimbys.com；1854 W North Ave；⏲周一至周四 正午至21:00，周五及周六 正午至22:00，周日 正午至19:00；Ⓜ蓝线到Damen）漫画、科幻小说和地下文化的引爆点，位于Wicker Park。

## ℹ 实用信息

### 游客信息

**芝加哥文化中心游客中心**（Chicago Cultural Center Visitors Center；www.choosechicago.com；77 E Randolph St；⏲周一至周六 10:00~17:00，周日 11:00~16:00；📶；Ⓜ棕线、橘线、绿线、紫线、粉线到Randolph）这里有人工信息台、CTA交通卡自助服务终端和免费Wi-Fi。免费的InstaGreeter（周五到周日，全年）和千禧公园（5月中旬至10月中旬，每天）团队游也从这里出发。

### 网络资源

**Chicagoist**（www.chicagoist.com）稀奇古怪的食物、艺术及活动。

**Gapers Block**（www.gapersblock.com）以芝加哥态度来展现新闻和事件。

**Huffington Post Chicago**（www.huffingtonpost.com/chicago）当地主要的新闻资源汇总。

## ℹ 当地交通

注意：街头及车库/停车场停车收费昂贵。如果不得不在这些地方停车，试试去看**Millennium Park Garage**（www.millenniumgarages.com；5 S Columbus Dr；每3/24小时 $23/30）。芝加哥高峰时期的交通极为糟糕。

## 斯普林菲尔德（Springfield）

小小的州府对亚伯拉罕·林肯有一种强烈的情结，林肯曾于1837年至1861年在此从事律师一职。许多景点都位于市中心的步行范围之内，门票低廉，甚至免费。

**Old State Capitol** 古迹

（☎217-785-7960；6th St和Adams St的交叉路口；⏲9:00~17:00，9月至次年5月 周日至周二 不营业）滔滔不绝的讲解员将带你游览整栋大楼，并用林肯故事来取悦你，比如他怎样于1858年在这里发表了关于“分裂之家”的著名演讲。推荐捐赠$4。

**Statehouse Inn** 酒店 $$

（☎217-528-5100；www.thestatehouseinn.com；101 E Adams St；房间 含早 $115~155；P❄@📶）从外面看，这里单调乏味，但内在却风格独具。舒适的床铺和巨大的浴室占据了房间，大堂则被一个复古酒吧占领。

**Inn at 835** 民宿 $$

（☎217-523-4466；www.innat835.com；835 S 2nd St；房间 含早 $130~200；P❄📶）这座历史悠久、满是艺术和匠人气息的庄园拥有11个房间，里面有四柱大床、爪形底浴盆等。

**Norb Andy's Tabarin** 小酒馆食物 $

（www.norbandys.com；518 E Capitol Ave；主菜 $7~10；⏲周二至周五 11:00至次日1:00，周六 16:00至次日1:00）这家休闲酒吧型餐馆是当地人喜爱的去处，位于市中心那幢建于1837年的Hickox House内。这里满满地堆放着斯普林菲尔德最好的“马蹄铁”——一种当地的三明治，烤面包内夹着煎过的肉，配以炸薯条和大量融化的奶酪。

**Route 66 Drive In** 电影院

（☎217-698-0066；www.route66-drivein.com；1700 Recreation Dr；成人/儿童 $7/4；⏲6

月至8月 每晚，4月中旬至5月及9月 周末）露天放映首映电影。

**斯普林菲尔德会议及旅游局** 游客信息

（Springfield Convention & Visitors Bureau；www.visitspringfieldillinois.com）提供有用的游客指南。

## 密苏里州

密苏里州是大平原上人口最多的州，这里兼收并蓄，为游客们一并呈现世故的城市生活和纯朴热情的乡下景致，二者都丰富多彩。圣路易斯（St Louis）和堪萨斯城（Kansas City）是本地区最有意思的城市，作为目的地来说各有特色。密苏里州比起它的“邻居们”来说林地更多，耕地更少，拥有更多的荒野地带。其中最出名的要属起伏的奥索卡山脉（Ozark Mountains），在这里，蜿蜒的山谷不但适合冒险式的探索，轻松地驾车漫行其间也无不可。

### 实用信息

**民宿旅馆，密苏里州**（Bed & Breakfast Inns, Missouri；www.bbim.org）

**密苏里州旅游部门**（Missouri Division of Tourism；www.visitmo.com）

**密苏里州立公园**（Missouri State Parks；www.mostateparks.com）州立公园免费开放。露营地收费$13至$28，部分营地需要提前预订。

## 圣路易斯（St Louis）

悄悄潜入圣路易斯，并沉醉于这个大平原上最大城市的氛围中吧。啤酒、保龄球和棒球不过是这里最具吸引力的一部分而已，其历史和文化——大多与密西西比河相关——才是圣路易斯这幅美妙画作中的点睛之笔。另外，这里当然还有标志性的大拱门（Gateway Arch），你大概已经在无数照片中看见过它的身影，不过亲眼所见更令人震撼。许多音乐传奇人物，包括斯科特·乔普林（Scott Joplin）、查克·贝里（Chuck Berry）、蒂娜·特纳（Tina Turner）和迈尔斯·戴维斯（Miles Davis）都从此地开始他们的音乐之路，而节奏明快的现场音乐会仍然持续着这份热情。

### 景点和活动

地标**大拱门**（见20页）就沿着密西西比河拔地而起。先花半天时间在大拱门西面的市中心地带闲逛。然后再探访城市其余部分。最有意思的邻区都以此为起点辐射开去，包括以下这些：

➡ **Central West End** 位于森林公园（Forest Park）东面，一个适合夜生活和购物的时尚中心。

➡ **The Hill** 一个意大利裔美国人社区，有不错的熟食店和饭馆。

➡ **拉法耶特广场（Lafayette Square）** 历史悠久，高端而时髦。

➡ **The Loop** 位于森林公园西北，Delmar Blvd大街沿线有时尚的店铺和夜生活。

➡ **Soulard** 该城市历史最悠久的街区，有很好的咖啡馆、酒吧和蓝调音乐。

➡ **South Grand** 波希米亚式的高雅风格，该地区环绕着美丽的Tower Grove公园，有很多民族风情的饭店。

过河去看看**卡霍基亚土丘历史遗址**（Cahokia Mounds State Historic Site；☎618-346-5160；www.cahokiamounds.org；Collinsville Rd；建议捐赠 成人/儿童 $7/2；⏰外庭 全年 8:00至日落，游客中心 9月至次年5月 9:00~17:00，周一及周二 关闭）。

**城市博物馆** 博物馆

（City Museum；www.citymuseum.org；701 N 15th St；门票 $12，摩天轮 $5；⏰周三和周四 9:00~17:00，周五及周六 9:00至午夜，周日 11:00~17:00；👪）很有可能，在圣路易斯游玩的最狂野的亮点就是这里——一座位于一个巨大的老鞋厂内浮夸而古怪的奇幻屋。奔跑、跳跃、全方位探索所有展品吧。一个水族馆、马戏团表演和世界上最大的内衣展都是奇观的一部分。仅限夏季开放的屋顶**摩天轮**展示了这个城市壮观的景致。

**森林公园** 公园、博物馆

（Forest Park；www.forestparkforever.org；

## Downtown St Louis 圣路易斯市中心

⊙6:00~22:00）纽约城有中央公园，但圣路易斯则拥有面积更大的（多出528英亩）森林公园。这片1371英亩的壮美的开阔地曾是1904年世界博览会的会场。这里是让人暂时远离纷扰的乐土，其间四处分散着多处景点，多数都免费开放。两个适合步行的街区——Loop区及Central West End区都距此很近。

**游客及教育中心**（Visitor and Education Center; 5595 Grand Dr; ⊙6:00~20:00）位于一个昔日的有轨电车展示厅内，有一个咖啡馆。免费的步行游览由此出发，你还可以租借一部iPod来听语音导览。

### 密苏里州历史博物馆 博物馆

（Missouri History Museum; www.mohistory.org; 5700 Lindell Blvd; ⊙10:00~17:00，周二 10:00~20:00）**免费** 展示了和圣路易斯有关的故事，明星展品包括与世界博览会、查尔斯·林德伯格（Charles Lindbergh，找找看他第一架飞机的销售发票——他可是在一家杂货店购买的！）以及一批蓝调音乐表演家相关的珍贵物件。为抵抗种族隔离而战的口述史令人动容。

### Downtown St Louis 圣路易斯市中心

**景点**

1 城市博物馆 B1
2 杰斐逊国家扩展纪念园/大拱门 D2
3 老法院和博物馆 C2

**饮品和夜生活**

4 Blueberry Hill B2
5 Bridge Tap House & Wine Bar C2

**娱乐**

6 Busch Stadium C2

### 圣路易斯艺术博物馆 博物馆

（St Louis Art Museum; www.slam.org; 1 Fine Arts Dr; ⊙周二至周四 周六及周日 10:00~17:00，周五 10:00~21:00）**免费** 这是一处宏伟的学院派（beaux）艺术宫殿，最初为世界博览会而建造。如今它成为这个传奇机构的驻地，其收藏品跨越了时间和不同风格。崭新的、令人惊叹不已的侧楼于2013年开放。

### 圣路易斯动物园 动物园

（St Louis Zoo; www.stlzoo.org; 1 Govern-

森林公园（见62页），圣路易斯

FERGUSON & KATZMAN / GETTY IMAGES ©

ment Dr；部分展览需要收费；⏲每天 9:00~17:00，6月至8月 周五至周日 9:00~21:00；🚻）免费 这个巨大的动物园分为不同的主题区，包括一块引人入胜的河边区域，里面展览着来自非洲的动物。

**圣路易斯科学中心** 博物馆

（St Louis Science Center；www.slsc.org；5050 Oakland Ave；⏲9月至次年5月 周一至周六 9:30~16:30，周日 11:00~16:30，6月至8月 每天 9:30~17:30；🚻）免费 现场演示、恐龙、一个天文馆和一个IMAX剧院（额外收费）。

## 住宿

大多数中档和高端连锁品牌都在市中心近大拱门的附近拥有酒店。独立而廉价的酒店在景观区为数不多，但在机场附近却有不少，你可以搭乘MetroLink的轻轨进城。位于170号州际公路旁（出口1F）的高端Clayton区也有很多连锁酒店，可以通过轨道交通到达。

**Huckleberry Finn Hostel** 青年旅舍 $

（☎314-374-8696；www.huckfinnhostel.com；1908 S 12th St；铺 $25起；❄）这家独立青年旅舍占据了两幢老旧的排房，设施简单，却是个友善的聚会地点，休息室/厨房里有架钢琴，还有免费的带锁橱柜。位于Soulard的地理位置颇为理想，务必提前预订。

**Parkway Hotel** 酒店 $$

（☎314-256-7777；www.theparkwayhotel.com；4550 Forest Park Ave；房间 $130~270；P❄@📶🐾）这家拥有8层楼的独立酒店就位于Central West End区高档而有趣的地带，拥有217个现代化的房间，其所在的大楼是一座宏伟的石灰石建筑。这里的服务标准很高，费用包含了热早餐，位于森林公园正对面的位置也让人无可挑剔。

**Napoleon's Retreat** 民宿 $$

（☎314-772-6979；www.napoleonsretreat.com；1815 Lafayette Ave；房间 $130~200；❄@📶）这家民宿位于历史悠久、树木繁密的拉法耶特广场，如同一个可爱的法兰西第二帝国人家，拥有5间醒目而美丽的房间，每一间都配备私人浴室和古董家具。只住一晚的话需要追加支付$20。

**Moonrise Hotel** 精品酒店 $$

（☎314-721-1111；www.moonrisehotel.com；6177 Delmar Blvd；房间 $130~260；P❄@📶🐾）时髦的8层Moonrise酒店相对于其Loop区热闹的四邻来说姿态相当高。拥有125间以月亮为主题的房间，但也足够接地气，令人感觉舒适。

## 就餐

圣路易斯拥有本地区最为多样化的食物选择。Sauce杂志和网站（www.saucemagazine.com）上面满是相关评论。

### 市中心和中城地带

Laclede's Landing区就在河边，靠近历史悠久的Eads铁路桥（Eads Railway Bridge），这里有一些餐馆，不过人们通常来此只是体验一下氛围——鹅卵石铺的街道、修复的砖砌建筑和自由流畅的啤酒——享用食物倒在其次。

**Crown Candy Kitchen** 咖啡馆 $

（www.crowncandykitchen.net；1401 St Louis Ave；主菜 $5~10；⏲周一至周四 10:30~20:00，周五及周六 10:30~21:00）这家地地道道的家庭经营的冷饮小卖部自1913年起就笑迎四方客了。麦乳精饮料（试试看黄油硬糖味）搭配有茶匙和冰激凌雪顶，你也可以尝试一下著名的BLT（即培根生菜番茄三明治）。然后再来一些自制糖果。对于圣路易斯北部街区来说，这里是一处绿洲。

**Pappy's Smokehouse** 烧烤 $$

（☎314-535-4340；www.pappyssmokehouse.com；3106 Olive St；主菜 $9起；⏲周一至周六 11:00~19:00，周日 11:00~16:00）作为全美最好的烧烤店之一，Pappy's供应甘美多汁的肋排、手撕猪肉、牛腩和烟熏火鸡。声名远播，食客众多，因此做好排长队和挤在一块儿用餐的准备吧。想象一下红薯条的美味，或许可以减缓等待时的煎熬。

## Soulard区和拉法耶特广场

Soulard每个角落都是餐馆和小酒吧，还有很多现场蓝调和爱尔兰音乐，闲逛一下即可。历史悠久的拉法耶特广场位于西北1英里处，有好几处时髦的场所。

**Soulard农贸市场** 市场 $

（www.soulardmarket.com；730 Carroll St；⏲周三和周四 8:00~17:00，周五及周六 7:00~17:00）这是当地的一处宝藏，各种各样的小贩在此贩卖地方特产、烘焙食品以及已加工好的食物。可以为野餐做准备，或是品尝各种小吃直到爽。这里的历史可以追溯到1779年，但是很低调。

**Bogart's Smoke House** 烧烤 $$

（www.bogartssmokehouse.com；1627 S 9th St；主菜 $9~16；⏲周一至周四 10:30~16:00，周五及周六 10:30~20:00）Soulard的灵魂何在？这里的烟熏肉吸引着成群的人们排队等待，他们会争抢所有的普通部位以及特殊部分，比如肋排。附加品如超辣的伏都酱以及"冰火泡菜"也别有风味。

## South Grand区

这个新兴的波希米亚风格地区靠近美丽的Tower Grove公园，拥有大量出色的多元文化餐厅，许多餐馆都带有户外露台。

**MoKaBe's Coffeehouse** 咖啡馆 $

（3606 Arsenal St；主菜 $5~7；⏲8:00至午夜；📶🖉）这里俯瞰着Tower Grove公园，是时髦人士和社区活动家们出入的地方（2014年弗格森抗议活动期间，这里是一处热点），白天黑夜都很繁忙。点上一杯咖啡、一份烘焙点心、一顿早餐或是一个三明治，然后对景沉思吧。

## The Hill区

这个意大利社区里挤满了可爱的小房子，内有无数个意大利面馆。沿着整洁的街道

### 圣路易斯的特产

**奶油冻** 若是没有在位于市中心西面颇有历史的Ted Drewes（见21页）尽情品尝过这种像是冰激凌的超级柔滑美味的话，怎么能离开这里。在市中心南面的4224 S Grand Blvd大街上有一家更小的分店，仅在夏季营业。富人和穷人都挤在一起，享用一份"凝固物"那令人愉悦的混合美味的满足感。

**烤意大利饺子（ravioli）**它们包着肉，外皮是面包屑，然后再用油炸。几乎每家位于Hill的餐厅都可以供应，最有名的要属Mama Toscano's。

**圣路易斯比萨饼** 这种外皮很薄、呈四方形的比萨饼非常让人上瘾。它们用Provel芝士制成——这是一种由切达奶酪、瑞士硬干酪和一种当地人很喜欢的波萝伏洛干酪（provolone）加工而成的黏性混合物。来自当地的连锁店**Imo's**（www.imospizza.com；大块 $16起）在整个地铁区拥有超过70家分店，他们做的"方形比萨饼"无人能及。

漫步，然后找一家意大利咖啡馆或熟食店停下来喝杯咖啡。

**Mama Toscano's** 意大利菜 $

（www.mamatoscano.com；2201 Macklind Ave；主菜 $5~8；⏲周二至周五 7:00~18:00，周六 7:00~17:00）像个杂货店而非咖啡馆，这个街角的Hill区传奇因其意大利饺子而闻名。点一份烤饺子，然后在野餐桌旁享受户外时光吧（餐厅内没有桌子）。其他亮点还包括三明治，尤其是带茄子的那些，最好选蒜香面包。

**Milo's Bocce Garden** 意大利菜 $$

（www.milosboccegarden.com；5201 Wilson Ave；主菜 $6~14；⏲周一至周六 11:00至次日1:00）在宽敞的户外庭院或旧日情调的室内酒吧享用三明治、比萨饼和意大利面。还可以观看并加入那些忙于玩地滚球的常客中去。

## Central West End和Loop区

在时髦和新潮的老Central West End区，人行道旁的咖啡馆占领了整条Euclid Ave大道。Loop区靠近华盛顿大学，距Delmar Blvd大街不远（圣路易斯星光大道也在此）。这里有很多酒吧和民族风味餐馆，专为时尚人士服务。

**Pickles Deli** 熟食 $

（www.picklesdelistl.com；22 N Euclid Ave；主菜 $5~10；⏲周一至周五 9:00~19:00，周六 10:00~15:00）上等的选材使这个光鲜的熟食店从其他单调的三明治连锁店里脱颖而出，比如说，法式蘸料里满是店里自己煨制的牛肉。还提供了上好的牛油果酱以及其他选择。可以在店里吃，也可以带到森林公园里野餐。

## 饮品和夜生活

Schlafly、Civil Life和Urban Chestnut是很棒的当地微酿酒厂，它们会让你忘了自己身处麦芽的国度。网站www.stlhops.com为本地啤酒给出了相当不错的指南，还告知了何处可以喝到它们。

Laclede's Landing、Soulard和Loop区这三个地方满地都是酒馆和酒吧，其中许多都有现场音乐表演。尽管其中一些拥有可以营业到凌晨3点的执照，但大多数酒吧在凌晨1:30关门。

**Blueberry Hill** 酒吧

（www.blueberryhill.com；6504 Delmar Blvd；⏲11:00至深夜）住在圣路易斯的查克·贝里（Chuck Berry）仍然在这个小小的地下酒吧唱着摇滚，一个月里至少有一个周三可以看见他本人的身影。价值$35的门票很快就售罄。在其他夜晚，这个场地则举办更小型乐队的演出。这里有不错的酒吧食物、游戏、飞镖以及更多。

**Bridge Tap House & Wine Bar** 酒吧

（www.thebridgestl.com；1004 Locust St；⏲周一至周六 11:00至次日1:00，周日 11:00至午夜）在这个浪漫的酒吧里，你尽可以懒在沙发上，或是坐在桌旁放松一下肘部，同时尽情享受上好的葡萄酒、最棒的当地啤酒以及当地季节性菜单上各种各样精美的小食。

**Anheuser-Busch Brewery** 自酿酒吧

（www.budweisertours.com；12th St和Lynch St的交叉路口；⏲周一至周四 10:00~16:00，周五及周六 10:00~19:00，周日 11:00~16:00，6月至8月 9:00起营业）免费 这个世界上最大的啤酒厂提供一种以市场营销为导向的团队游览，此种形式在美国市场上近半数的公司里被广泛使用。可以看看年头久远的酒窖和著名的克莱茨德尔（Clydesdale）马。

## 娱乐

读读Riverfront Times（www.riverfronttimes.com），上面更新城内外娱乐项目的各种信息。通过MetroTix（http://metrotix.com）可以购买到大多数场地的门票。

位于城西的Grand Center是圣路易斯剧场演出的心脏地带，这里也是圣路易斯交响乐团（St Louis Symphony Orchestra；www.stlsymphony.org；718 N Grand Blvd）的驻地。

Grove区指的是位于Kingshighway

Blvd大街和S Vandeventer Ave大道之间的Manchester Ave大道一带，是同性恋社区的中心，而Soulard、Central West End和South Grand几个区也有此类场所。参看Vital Voice（www.thevitalvoice.com）以了解更多详情。

**Muny** 表演艺术

（☎314-361-1900；www.muny.com）市政歌剧院（Municipal Opera，即“Muny”）夏天时每晚都在森林公园主办露天音乐会；1.2万个座位中一部分会免费提供。

**Busch体育场** 棒球

（www.stlcardinals.com；Broadway Ave和Clark Ave的交叉路口）这个于2006年开放的有趣的复古式球场是红雀队（Cardinals）的主场。红雀队在世界职业棒球联赛上夺冠的次数仅次于纽约洋基队（New York Yankees），他们上一次夺魁是在2011年。

## 购物

Loop区和位于Central West End区的Euclid Ave大道有着风格最为多样的当地店铺。

**Cherokee Antique Row** 古玩

（www.cherokeeantiquerow.com；Cherokee St, east of Jefferson Ave to Indiana Ave）颇有历史的Cherokee-Lemp社区里有6个街区，里面全是被古董填满的店铺。

**Left Bank Books** 书籍

（www.left-bank.com；399 N Euclid Ave；⌚周一至周六10:00~22:00，周日11:00~18:00）一家很不错的独立书店，新书及二手书均有收藏。有当地作家的不错的推荐书单，还经常举办作者读书会。

### 实用信息

**Explore St Louis**（www.explorestlouis.com；7th St和Washington Ave的交叉路口，America's Center；⌚周一至周六 8:00~17:00）一处不错的信息处，另有分店位于Kiener Plaza（6th和Chestnut的转角）和机场。

**Missouri Welcome Center**（☎314-869-7100；www.visitmo.com；270号州际公路34号出口；⌚8:00~17:00）

# 堪萨斯州

邪恶的女巫和以黄砖铺就的道路、因奴隶制而挑起的战事以及强大到足以抹平整个城镇的龙卷风——这些便是堪萨斯州较为耸人听闻的形象的一面。而其更为平常的另一面——触目所及望不到边的琥珀色的粮田泛出层层波浪，才更接近现实。

起伏的绿色丘陵和一望无垠的地平线呈现出一种单纯的美感。像蔡斯县（Chase County）这样的地方，对那些追求低调的人来说很有吸引力。有意思的地方还很多：从哈钦森（Hutchinson）超棒的太空博物馆到劳伦斯（Lawrence）的独立音乐俱乐部。最重要的是，在大平原上跟随双车道的州际公路，然后发掘属于你自己的惊喜吧。网站www.kansassampler.org为查找本州最棒之处提供了绝佳的资源，指南手册《堪萨斯州的8大奇迹》（*8 Wonders of Kansas*）也不错。

### 实用信息

**堪萨斯州民宿协会**（Kansas Bed & Breakfast Association；☎888-572-2632；www.kbba.com）

**堪萨斯州州立公园**（Kansas State Parks；www.kdwpt.state.ks.us）每辆车每天/年$5/25。露营费用$7至$13。

**堪萨斯州旅行及旅游**（Kansas Travel & Tourism；☎785-296-2009；www.travelks.com）

# 俄克拉何马州

俄克拉何马州得名于乔克托族（Choctaw）语中的“红种人”。不过，如果亲眼见到本州鲜艳的红土地，你大概会好奇该名字是更适用于裁缝还是民族。当然，这里共有39个部落，因而对美洲原住民来说拥有深远的意义。博物馆、文化展览之外，还有更多其他活动。

作为古老西部“硬币”的另一面，牛仔们在“抢先之州”（Sooner State，俄克拉何马州的别称）也占据着显著地位。尽管皮卡车已经

波士顿大道联合卫理公会，塔尔萨

取代了马匹，这里仍然拥有大片开阔的草地，只有俄克拉何马城和塔尔萨点缀其间。俄克拉何马州境内的66号公路连接了几处母亲之路上标志性的亮点，此外，还有无数氛围浓郁的老镇。而当你以为此处的景致将永远平铺直叙下去时，南部和最西面的山区则为地貌增添了几处纹理。

## 实用信息

**俄克拉何马州民宿协会**（Oklahoma Bed & Breakfast Association；☎866-676-5522；www.okbba.com）

**俄克拉何马州旅游部**（Oklahoma Department of Tourism；www.travelok.com）

**俄克拉何马州州立公园**（Oklahoma State Parks；www.travelok.com/state_parks）多数公园白天时都免费开放，露营费用为每晚$12至$28，有些可以提前预订。

## 塔尔萨（Tulsa）

塔尔萨自我标榜为“世界石油之都”，可却从未像该州其他地方一样在钻取“黑金”时搞脏双手。这里拥有大量能源公司，它们靠钻探、出卖石油或将原油供应给石油销售商为生。石油资源所提供的稳定财富一度造就了塔尔萨市中心精致繁华的装饰艺术建筑。但现如今这里已不再是大平原上最为迷人的城镇了：铺展开去的郊区已经分散了城中心的吸引力，不过Brady Arts区仍然值得一探。

### 景点

塔尔萨城中心拥有如此之多的装饰艺术建筑，以至于它曾以“黏土之城”而闻名。**Philcade大楼**（511 S Boston St）有着壮丽的T形大堂，和**波士顿大道联合卫理公会**（Boston Avenue United Methodist Church；1301 S Boston St；⏲周一至周五 8:30~17:00，周日 8:00~17:00，周日中午 导览游）一起，坐落在城市的尽头，同为两处杰出的建筑典范。游客中心组织的免费步行游览可以带你拜访成打的其他此类建筑。

**伍迪·格思里中心** 博物馆

（Woody Guthrie Center；www.woodyguthriecenter.org；102 E Brady St；成人/儿童 $8/6；周二至周日 10:00~18:00）伍迪·格思里因为其20世纪30年代所唱的民谣而闻名，那些歌曲讲述的是和风沙侵蚀区及大萧条有关的故事。在这家令人印象深刻的新博物馆里，他的生平和音乐被一再追忆，你可以在此听到他的音乐、通过迪伦（Dylan）的作品了解他的遗产。

**俄克拉何马州爵士名人堂** 博物馆

（Oklahoma Jazz Hall of Fame；www.okjazz.org；111 E 1st St；周一及周三至周五 9:00~17:00，周二 9:00~21:00，周日 正午至19:00）免费 塔尔萨美丽的联合车站（Union Station）又再次充满了声音，不过现在的声音更为悦耳，而不再是不和谐的吵吵嚷嚷。在20世纪上半段，塔尔萨无疑处于美国音乐的十字路口，来自当地和远方的表演家们都在此齐聚一堂。在详尽的展览中，你可以更加了解如查理·克里斯蒂安（Charlie Christian）、老欧尼·菲尔茨（Ernie Fields Senior）和华莱士·威利斯（Wallace Willis）这样的大师们。周日下午5点，爵士音乐会（$15）在一度被隔开的大广场上上演。

**Gilcrease博物馆** 博物馆

（www.gilcrease.org；1400 Gilcrease Museum Rd；成人/儿童 $8/免费；周二至周日 10:00~17:00）位于城中心西北64号公路旁的这家上好的美国艺术博物馆坐落在一个修剪得十分齐整的庄园内，该庄园属于一个美洲原住民，他在自家分配到的土地上发现了石油。

**Philbrook艺术博物馆** 博物馆

（www.philbrook.org；2727 S Rockford Rd，Peoria Ave以东；成人/儿童 $12/免费；周二、周三、周五至周日 10:00~17:00，周四 10:00~20:00）城南有一幢改良过的属于石油大亨的意大利式别墅，被绝美的绿树环绕，馆内收藏着一些不错的美洲原住民作品。

## 住宿

244号公路和44号州际公路两旁有很多连锁汽车旅馆，特别是44号州际公路的229号和232号出口附近。你还可以选择在以下两处翻修过的地方重温经典的66号公路冒险风情（好在这个回到过去的经典之旅不包括早年间床铺上的臭虫）。

**Desert Hills Motel** 汽车旅馆 $

（918-834-3311；5220 E 11th St；房间 $45起；）门前闪闪发光的霓虹仙人掌正在向你招手示意，欢迎来到这家被翻修得令人感觉亲近的20世纪50年代的汽车旅馆，这里有50个房间（带有冰箱和微波炉），分布在停车场的对角线上。旅馆位于城中心以东5英里处，即老66号公路旁。

**Hotel Campbell** 酒店 $$

（918-744-5500；www.thecampbellhotel.com；2636 E 11th St；房间 $140起；）这个66号公路上建于1927年的辉煌酒店，于2011年被修复一新，位于城中心东面，拥有26间带有实木地板和上等仿古家具的奢华房间。可以要求四处参观一下。

## 餐饮

可以在Brookside找到用餐的地方，就在31st St街和51st St街之间的Peoria Ave大道上，还有位于Peoria Ave大道东面的Historic Cherry St街（即现在的15th St街）上，以及Brady Arts区，以位于城中心北面的Brady St街和Main St街为中心。

**Ike's Chili House** 正餐 $

（1503 E 11th St；主菜 $7以内；周一至周五 10:00~19:00，周六 10:00~15:00）Ike's供应辣椒已经有超过100年的历史了，其经典的味道受到很多人的喜爱。你可以直接来一点辣椒，或是用来和Fritos薯片、热狗、豆子或意大利面一起享用。也可以配上红椒、洋葱、墨西哥胡椒、苏打饼和切达奶酪来直接享受它的美味。

国家牛仔和西部遗产博物馆，俄克拉何马城

**Elmer's** 烧烤 $

（www.elmersbbqtulsa.com；4130 S Peoria Ave；主菜 $7~14；⌚周二至周四 11:00~20:00，周五及周六 11:00~21:00）一家传奇的烧烤铺，明星菜品是爽翻天的"Badwich"——将烟熏香肠、火腿、牛肉、猪肉以及其他一些东西组合在一起，美味诱人。用餐的房间很明亮，有一台用于弹奏蓝调音乐的钢琴。

**Tavern** 美国菜 $$

（www.taverntulsa.com；201 N Main St；主菜 $10~30；⌚周日至周四 11:00~23:00，周五及周六 11:00至次日1:00）这个美丽的酒馆坐落于Brady Arts区，供应上佳的菜品。汉堡包很经典，你也可以点牛排、沙拉或季节性特色菜。酒保是货真价实的调酒员。

## ☆ 娱乐

开放式的**Guthrie Green**（www.guthriegreen.com；Boston Ave & Brady St）靠近其位于Brady Arts区同名的文化中心，经常举办活动。

**Cain's Ballroom** 现场音乐

（www.cainsballroom.com；423 N Main St）冉冉升起的摇滚乐歌手光耀了榜单，鲍勃·威尔斯（Bob Wills）的西部音乐在20世纪30年代横扫乐坛。而在1978年，性手枪乐队（Sex Pistols）则在此引起过一些骚乱（查看一下Sid Vicious一拳打出了一个洞的那面墙）。

## ℹ 实用信息

塔尔萨并没有设置游客中心，但该城市的网站www.visittulsa.com很实用。

# 俄克拉何马城

俄克拉何马城经常被简写为OKC，几乎位于该州的正中央，是文化和政治中心。这些年来，该城尽一切努力想要改变其牛仔之城的形象，但仍旧保留了其牛仔遗风。在66号公路旅行时，这里是个不错的停留站。

这个城市和1995年Alfred P Murrah联邦大楼的爆炸案永远地联系在了一起，这次悲剧的纪念物令人动容，值得一看。

## ◉ 景点

你将在市中心西南方的**Stockyards City**（www.stockyardscity.org；Agnew Ave & Exchange Ave）领略真正的牛仔风采，他们出没于店铺和餐馆之中，或是在**俄克拉何马国家畜牧场**（Oklahoma National Stockyards；www.

onsy.com; ⏲拍卖 周一和周二 8:00）——世界上最大的肉牛家畜市场。

**俄克拉何马城国家纪念馆** 博物馆

（Oklahoma City National Memorial Museum; www.oklahomacitynationalmemorial.org; 620 N Harvey Ave; 成人/学生 $12/10; ⏲周一至周六 9:00~18:00，周日 正午至18:00）美国历史上最严重的国内恐怖主义案件的故事就在这个直击人心的博物馆内展示，这里并没有假装多愁善感，而是让恐怖事件自然呈现。户外的象征性纪念区域（Symbolic Memorial）有168张空座椅的雕塑，以纪念在此次袭击中被杀害的每一个人（其中19张小椅子则是为了纪念在日托中心里遇难的那些孩子们）。

**国家牛仔和西部遗产博物馆** 博物馆

（National Cowboy & Western Heritage Museum; www.nationalcowboymuseum.org; 1700 NE 63rd St; 成人/儿童 $12.50/6; ⏲10:00~17:00）这个博物馆涵盖了艺术及历史范畴，却缺少了一些牛仔气息。即使你只是为了其中一项前来，也一定会被另一方面给迷住。这里收藏的西部画作和雕塑很不错，其中有不少查尔斯·M.拉塞尔（Charles M Russell）和弗雷德里克·雷明顿（Frederic Remington）的作品。

**俄克拉何马历史中心** 博物馆

（Oklahoma History Center; www.okhistory.org/historycenter; 800 Nazih Zuhdi Dr; 成人/儿童 $7/4; ⏲周一至周六 10:00~17:00）这里讲述了"抢先之州"的故事，以人作为主题。

## 住宿

许多更老的汽车旅馆都位于城南35号州际公路沿线，新式的连锁旅馆则聚集在44号州际公路、NW高速公路/3号公路以及Bricktown（这里距离夜生活活动区更近）附近。

**Grandison Inn at Maney Park** 民宿 $$

（☎405-232-8778; www.grandisoninn.com; 1200 N Shartel St; 房间 $110~190; P ❄ 📶）这里位于俄克拉何马城中心西北部的高档区，建于1904年的复古式民宿很亲切有礼，8个古朴的房间配有现代设施如DVD播放器。房子的木工活儿令人惊艳，包括让人叫绝的楼梯。

**Colcord Hotel** 精品酒店 $$

（☎405-601-4300; www.colcordhotel.com; 15 N Robinson Ave; 房间 $150~200; P ❄ @ 📶）俄克拉何马城最早的摩天大楼建于1910年，如今是一栋12层的奢华酒店。很多原有的豪华装饰都保留了下来，比如铺着大理石的大堂，而108个房间则有着时髦、当代风格。Bricktown在步行距离之内。

## 餐饮

鳞次栉比的餐馆聚集在Bricktown，林立在41st St街和82nd St街之间的Western Ave大道两旁，还有一些位于亚洲（Asian）区（即23rd St街和Classen Blvd大街附近）。

**Tucker's Onion Burgers** 汉堡 $

（www.tuckersonionburgers.com; 324 NW 23rd St; 主菜 $5.50~11; ⏲11:00~21:00）🍃 Tuckers是一家新式的汉堡店铺，但又带有66号公路的旧日情调，这里供应高品质的食物（食材产自当地），包括标志性的俄克拉何马城洋葱汉堡、新鲜出炉的薯条和冰沙。这里甚至倡导绿色环保理念，还有一个不错的露台。

**Cattlemen's Steakhouse** 牛排 $$

（www.cattlemensrestaurant.com; 1309 S Agnew Ave; 主菜 $7~25; ⏲周日至周四 6:00~22:00，周五及周六 6:00至午夜）作为俄克拉何马城的"传说级"餐馆，这间位于Stockyards City的名店自1910年起就为牛仔和城里人供应牛排和羊鞭（对羊生殖器的委婉叫法）了。你依然可以坐在吧台用餐（这样就不用排队等空桌子了），当然也可以去坐一下他们的豪华卡座。

**Ann's Chicken Fry House** 南部菜 $$

（4106 NW 39th St; 主菜 $4~12; ⏲周二

至周六 11:00~20:30）这里既是个货真价实的餐厅，又是个旅游景点。Ann's是66号公路上资历很老的一家店，因其——你可以猜猜看——炸鸡排而闻名。秋葵和奶油肉汁也很出名，但炸鸡仍是代表，来份黑眼豆豆面包。仅接受现金。

**Bricktown Brewery** 酿酒厂

（www.bricktownbrewery.com; 1 N Oklahoma Ave; ⏲周一至周四 11:00~23:00，周五及周六 11:00至午夜，周日 11:00~22:00）位于Bricktown的一家大型酿酒厂，狂欢者挤满了几个大房间，享用或观赏着桌球和飞镖游戏。这里总是很热闹忙碌，食物菜单也很实在。

## ☆ 娱乐

想要查看活动安排，可以来一份免费的*Oklahoma Gazette*周报（www.okgazette.com），或者直接去Bricktown区那些改装过的仓库看看，这些仓库内有各种各样不同的酒吧，有一些不错，有一些则明显是糊弄事儿的。要想在这个区充分享受一整晚的话，可以在Bricktown棒球场（Bricktown Ballpark）观看**Triple A Redhawks**（www.oklahomaredhawks.com; 2 Mickey Mantle Dr; 门票 $5~25）的比赛。NBA的**俄克拉何马城雷霆队**（Oklahoma City Thunder; www.nba.com/thunder; 100 W Reno Ave; 门票 $30起）的主场就位于附近的Chesapeake Energy Arena。

## 购物

Paseo Arts区其实并不比Paseo Dr强多少，但有几个位于西班牙殖民地时期建筑内的艺术画廊和精品店。在16th St Plaza区也能找到一些有意思的店铺。

你可以在Stockyards City买到各式各样的西部装束和装备，对牛仔男女来说，这里非同小可。可以从**Langston's**（www.langstons.com; 2224 Exchange Ave; ⏲周一至周六 10:00~20:00，周日 13:00~18:00）开始逛，这里的选择范围很广。

Automobile Alley小巷就位于城中心以北的N Broadway Ave大道上，有不少咖啡馆、自行车店和现代商店。

## ℹ 实用信息

**俄克拉何马欢迎中心**（Oklahoma Welcome Center; ☎405-478-4637; www.travelok.com; I-35 exit 137; ⏲8:00~17:30）也提供城市信息。

DENNIS MACDONALD / GETTY IMAGES ©

Bricktown，俄克拉何马城

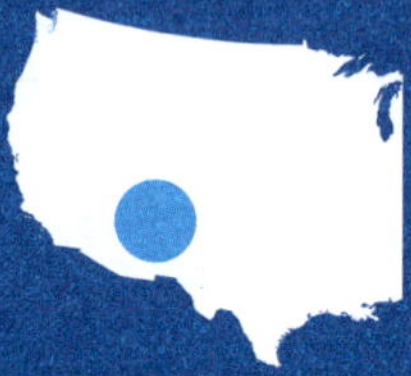

# 66号公路中段

从布赖斯峡谷（Bryce Canyon）到惠勒峰（Wheeler Peak），引人注目的自然景观在美国西南部数不胜数。通常这些地标令人振奋，但令人难忘的却是它们之间的旅程。

## 得克萨斯州

得克萨斯州狭长地带(Texas Panhandle)并不是个旅游热点，但的确有很多人来向母亲之路致敬而经过这里。如果你正好是这样计划的，以下就是66号公路旅程中最棒的得克萨斯州的停留地点，由东至西分别为：

**恶魔之绳博物馆（Devil's Rope Museum）**

见29页。

**虫子农场（Bug Ranch）**

（207号公路支线）为呼应凯迪拉克农场，5辆简装的大众甲壳虫在阿马里洛以东18英里处"破土而出"。

**大得克萨斯牛排农场（Big Texan Steak Ranch）**

见30页。

**阿马里洛（Amarillo）城中心**

见30页。

**凯迪拉克农场（Cadillac Ranch）**

见30页。

### 网络资源

**得克萨斯州旅游网**（Texas Tourism；www.traveltex.com）

**得克萨斯州交通部**（TX Department of Transportation；www.txdot.gov/travel）

**州立公园**（tpwd.texas.gov）

## 新墨西哥州

这里被称为"迷人之地"是有原因的：或许是因为阳光在刺柏树遍布的山上戏剧性的光影表演；或许是因为山间那传统村庄里的牧马场和土砖房；抑或是因为北部高原宏伟的Sangre de Cristos山脉脚下的百年老镇；再有可能是因为绵延在广阔无垠的天空下的火山、峡谷和广袤的沙漠平原。这里的美丽施展着强有力的魔法。泥砖教堂里的宗教艺术品，古老的印第安村落，真正的牛仔和传奇的匪徒，辣翻天的玉米卷饼——所有这些都为这里铺天盖地的异域风情添上了一笔——新墨西哥州也常常让人感觉像是另一个国度。

### 危险和麻烦

阿尔伯克基地处海拔5000英尺，圣菲和陶斯（Taos）的海拔高达7000英尺，而山脉则有13,000英尺之高——因此，如果你从低处过来，就能切身体会到这里的高度变化。头一两天里要放轻松、慢慢来，尽量喝大量的水——考虑到本州的干旱程度，这个想法肯定不会有错。长达300多天的晴天和高海拔一起，使得这里容易使人晒伤。而且，按人口比例来算，新墨西哥州是全美遭受雷击致死数量最高的州，因此，在雨季的雷暴天气，于空旷地带徒步时需格外小心。

如果你沉迷于户外探险，你的新墨西哥州计划或许就要取决于该年是潮湿还是干燥。西部滑雪区有可能有最好或最糟的条件，要视降雪情况而定；在夏季严重干旱时，国家森林有时会完全关闭。

正如前州长卢-华莱士(Lew Wallace)在1880年时所说的那样："基于其他地方的经验而作出的每一项计划，在新墨西哥州都会失败。"这里的事情并不会像你期待中的那样发生。这一点和"明天再说"的空头允诺结合起来，有时可能会令人感到垂头丧气。我们的建议是：顺其自然吧。

## 40号州际公路 从得克萨斯州到阿尔伯克基(Albuquerque)

当你驶过40号州际公路的东半段时，可能会非常渴望一脚油门踩到底——或是设置巡航控制——然后马不停蹄地向前。如果你时间稍稍充裕一些，那么，可以绕开州际公路探访一些有意思的历史景点：从恐龙时代到最糟糕的狂野西部，以及一些经典的66号公路哗众取宠之处。

### 图克姆卡里(Tucumcari)

图克姆卡里是40号州际公路在阿尔伯克基和得克萨斯州的阿马里洛(Amarillo)之间所经过的最大城镇，是一个坐落在方山和平原之间的畜牧和农业社区，同时，这里是66号公路保存最为完好的路段之一。无怪乎，这里仍然在招待来往的旅行者，汽车旅馆价格平易近人，还有几幢经典的州际公路通车之前的建筑，此外还有纪念品商店。

#### 景点和活动

当数十个旧日的霓虹灯广告牌在夜间一起放射出炫目光彩时，可以带着孩子驶上图克姆卡里的大街。这些明亮闪烁的标志是66号公路鼎盛时期遗留在这里的，由当时试图吸引疲惫游客夜间留宿的商人所安装。图克姆卡里几乎就位于40号州际公路的北边。昔日的66号公路是现今329号出口和335号出口之间东西走向的主要道路，在城中称为Tucumcari Blvd大街。这里南北走向的主要干道是1st St街。

**梅萨兰恐龙博物馆(Mesalands Dinosaur Museum)** 博物馆

见30页。

**图克姆卡里历史博物馆** 博物馆

(Tucumcari Historical Museum; ☎575-461-4201; 416 S Adams St; 成人/儿童

"今夜图克姆卡里"的壁画，由艺术家道格·夸尔斯(Doug Quarles)创作

$5/1; ⏲周二至周六 9:00~15:00)位于城中心的当地历史博物馆的收藏可以说得上是不拘一格，从老鹰干尸和一面日本旗，到一座整个的消防站和一架停放在院子里的战斗机，五花八门。几个房间修复成了早期西部的内部装潢风格，如一间警长的办公室、一间教室和一间医院病房。

**艺术壁画** 步行游览

(www.tucumcarinm.com/visitor-guide.php)图克姆卡里城中心的66号公路两旁以及周边的建筑上到处装点着大型的壁画，描绘着当地历史中的亮点。这些是艺术家道格(Doug)和莎伦·夸尔斯(Sharon Quarles)一生的心血，你可以来一次非常棒的徒步壁画之旅，舒展筋骨的同时体会图克姆卡里的66号公路遗产。从网站上下载一份地图，然后就上路吧。

## 住宿

虽然40号州际公路各出口处密集分布着寻常的连锁汽车旅馆，图克姆卡里还是拥有一些很酷的旧日独立式汽车旅馆，散布在历史悠久的66号公路沿线。

**Blue Swallow Motel** 历史汽车旅馆 $

(☎575-461-9849; www.blueswallowmotel.com; 815 E Tucumcari Blvd; 房间 $70起; ❄📶🐾)在这家精心修复过的66号公路汽车旅馆内度过良宵，感受时光流转吧，这家旅馆名列"州历史遗址名录"和"国家历史遗址名录"。这里有一个很不错的大厅，友善的老板，以及装饰别具一格的复古式房间，前院里摆着一些小椅子，还有一块詹姆斯·迪恩(James Dean)的壁画，以及一块经典的霓虹灯标识，上面写着"百分百冷气开放"。

**Historic Route 66 Motel** 汽车旅馆 $

(☎575-461-1212; www.tucumcarimotel.com; 1620 E Route 66; 房间 $42起; ❄📶🐾)想要节省几个住宿钱的话，你不可能找到比这家历史汽车旅馆更合适的地方了。这里拥有巨大的平板玻璃门，还能看见方山的景，找到平地一排浅色平房就找到这家了。这家旅馆虽然不引人注目，但25个房间便宜且干净，床铺舒适，配备着高品位的枕头。欢迎小型犬类，这里甚至还有一个只在早上开放、提供意式浓缩咖啡的酒吧咖啡馆。

## 餐饮

**Kix on 66** 餐馆 $

(☎575-461-1966; www.kixon66.com; 1102 E Tucumcari Blvd; 主菜 $5~10; ⏲6:00~14:00; 📶)这里是早晨时分很受欢迎的聚会地，从Blue Swallow步行即可到达，提供各式各样的早餐，从墨西哥式煎蛋(huevos rancheros)到饼干和肉汁，外加意式浓缩咖啡、甜甜圈和午餐三明治。

**Pow-Wow Restaurant & Lizard Lounge** 新墨西哥菜 $$

(☎575-461-2587; www.powwowlizard.com; 801 W Tucumcari Blvd; 主菜 $8~20; ⏲7:00~22:00, 周五及周六 酒吧开放至深夜)尽管这里也提供相当好的包含牛排和墨西哥特色菜在内的食物，但真正的吸引力在于休息室本身。周四晚是卡拉OK之夜，大多数周六晚有现场音乐，很多大牌的新墨西哥州乐队来此登台表演。

## 实用信息

**游客中心**(☎575-461-1694; www.tucumcarinm.com; 404 W Route 66; ⏲周一至周五 8:30~17:00)由商会提供的有用的旅游信息。

## 到达和离开

图克姆卡里位于历史66号公路——如今已被40号州际公路所取代——和54号美国公路的十字路口。它位于得克萨斯州的阿马里洛以西110英里，阿尔伯克基以东170英里处。

# 圣罗莎(Santa Rosa)

圣罗莎19世纪中期由西班牙农夫们建立，但其现在的声名却十足怪异——美国西南部的水肺潜水之都。不过这里除此之外的确也没有其他可看的。

## 景点和活动

从66号公路/40号州际公路的273号出口进入城中心。主路最开始叫作Coronado St街，之后在经过城中心时变成了Parker Ave大道，然后在经过275号和277号出口时又更名为Will Rogers Dr。

**蓝洞** 湖泊

（Blue Hole；☎575-472-3763；www.santarosanm.org；Hwy 40/US 66）美国十大最佳潜水点之一出乎意料地位于这个小小的圣罗莎。呈钟形、深达81英尺的蓝洞位于市中心，表面直径为80英尺，水下则增至130英尺。湖的源头是一处天然泉水，每分钟的流量为3000加仑，水质非常清澈且极为凉爽（约为67°F/17℃）。水下25英尺处有一座为潜水者们设置的平台。现场还有一个潜水装备商店。

**66号公路汽车博物馆** 博物馆

（Route 66 Auto Museum；www.route66automuseum.com；2766 Rte 66；门票 $5；⏲4月至10月 周一至周六 7:30~18:00，周日 10:00~17:00，11月至次年3月 周一至周六 8:00~17:00，周日 10:00~17:00）这里拥有35辆左右的汽车，从20世纪20年代到60年代的都有，保存非常完好，还有许多20世纪50年代的纪念品，是个很有意思的地方，可以在50年代风格的零食铺里享用一杯奶昔。如果你想要购买一辆修复完美的老式雪佛兰汽车，友好的主人“Bozo”也兼做古董车生意。

**月亮港（Puerto de Luna）** 历史遗迹

月亮港这个小村庄位于圣罗莎以南10英里处的佩科斯河（Pecos River）畔，建于19世纪60年代。这一段的91号公路很美，从干涸的河谷中蜿蜒蛇行，周围是被侵蚀的砂岩方山。到达之后，你会看见一个老乡村法院、一座村庄教堂和一些风化的土砖建筑。这些看上去都很迷人，只要你没有什么其他要紧事要去做的话。

## 节日和活动

**66号公路节日** 汽车展

（⏲8月/9月）和66号公路的主题一致，这个在8月或9月举办的以汽车为主题的展览吸引了复古和经典车型的车迷们，还有一些驾驶着奇奇怪怪东西的人们。

## 食宿

圣罗莎的主街有很多家庭经营的餐馆和路边的咖啡馆，充满了66号公路式的诱惑力。连锁酒店集中在40号州际公路各个出口处。

**Joseph's Route 66 Diner** 餐馆 $$

（☎575-472-3361；1775 Historic Route 66；主菜 $7~21；⏲8:00~22:00）这个由家庭经营的餐馆自1956年就开始营业了，66号公路的怀旧之情充盈着这个受欢迎的餐馆。墨西哥式和美式菜肴很丰盛，从蓝玉米饼制成的圣菲饼卷，到鲶鱼、汉堡和牛排，应有尽有。Joseph's还会调一些不错的玛格丽塔鸡尾酒。

**Silver Moon** 餐馆 $$

（☎505-472-3162；2545 Historic Route 66；主菜 $9~17；⏲6:00~22:00）这个驰名的66号公路饭馆于1959年开门营业，供应超棒的自制酿青椒（chile rellenos）和其他经过新墨西哥州改良的餐厅美食。这里很受痴情于66号公路老旅馆的旅行者的欢迎，当地人也喜欢来享用一杯早餐咖啡和一盘培根加鸡蛋。

# 阿尔伯克基

这个忙碌的沙漠十字路口被低估了，它的魅力主要来自当地人，而非任何城市光鲜之处。这个新墨西哥州最大的城市就位于桑迪亚山脉（Sandia mountains）的西面，在这里，东西走向的66号公路跨越南北走向的格兰德河（Rio Grande），当地人非常乐意与人分享这里的历史、亮点以及必须一试的餐馆。

百年之久的土砖房布满了生机勃勃的老城（Old Town）地区，而时髦的诺布山（Nob Hill）区内的店铺、餐馆和酒吧都在轻松的步行范围之内。城外有很多不错的步行小径，有的穿过常青的树林，有的经过古老的岩画，而城里的现代博物馆则探究空间和核能等主题。大学生、美洲原住民、

# Albuquerque 阿尔伯克基

西班牙裔和同性恋们汇成了充满活力的人群。你会看到宣传广场舞蹈和瑜伽课程的传单散发着同样的激情，会看到在巴掌大的墨西哥快餐店(taquerías)和复古咖啡馆里农场工人和房地产经纪人一起并肩享用美食。

## ◉景点

中央大道(Central Ave)，即之前的66号公路，仍然是阿尔伯克基的主要街道，它自东向西经过州立展览会、诺布山、新墨西哥州大学(University of New Mexico，简称UNM)以及老城，然后跨越格兰德河。街道的地址通常包含有方向性的指示，如Wyoming NE，指明了该市的4个象限之一：中心点为中央大道经过铁路轨道的地方，正好位于市中心的东面。

阿尔伯克基的主要景点集中在老城内及其周边，以及格兰德河边，但几个有意思的景点——包括普韦布洛印第安人文化中心、国家岩画纪念遗址和桑迪亚峰缆车(Sandia Peak Tramway)——则距离较远，而且只能开车到达。

### 新墨西哥州自然历史及科学博物馆　博物馆

(New Mexico Museum of Natural History & Science; www.nmnaturalhistory.org; 1801 Mountain Rd NW; 成人/儿童 $7/4; ⊙9:00~17:00; 👪)为恐龙疯狂的孩子们一定会爱上这个巨大的现代博物馆，这里位于老城的东北边缘地带。从位于主厅天井的霸王龙开始，这里挤满了凶猛的远古野兽。该博物馆重点陈列与新墨西哥州相关的内容，有关于本州地质起源的生动展示，关于气候变化影响的细节，还有一个展览是关于阿尔伯克基在计算机历史上的角色——你是否清楚微软最早是从何处发家的?

### 美国国际响尾蛇博物馆　博物馆

(American International Rattlesnake Museum; www.rattlesnakes.com; 202 San Felipe St NW; 成人/儿童 $5/3; ⊙6月至8月 周一至周六 10:00~18:00，周日 13:00~17:00，9月至次年5月 周一至周五 11:30~17:30，周六 10:00~18:00，周日 13:00~17:00)着迷于蛇类以及任何滑溜溜的东西的人们会认为这个博物馆令人神魂颠倒；对恐蛇的人来说，这里完全就是个噩梦，收藏有世界上最丰富的不同种类的响尾蛇。

## Albuquerque 阿尔伯克基

**景点**
1 阿尔伯克基水族馆 A2
2 美国国际响尾蛇博物馆 A1
植物园 （见1）
3 普韦布洛印第安人文化中心 A1
4 新墨西哥州自然历史及科学博物馆 A1
5 格兰德河动物园 A2
6 San Felipe de Neri Church A1

**活动、课程和团队游**
7 Stone Age Climbing Gym C1

**住宿**
8 Andaluz B2
9 Econo Lodge Old Town A1
10 Route 66 Hostel A2

**就餐**
11 Frontier C2
12 Golden Crown Panaderia A1
13 Slate Street Cafe & Wine Loft B2

**饮品和夜生活**
14 Anodyne B2
15 Marble Brewery B2
Satellite Coffee （见11）

**娱乐**
16 Albuquerque Isotopes B2
17 Guild Cinema C2
KiMo Theatre （见14）
18 Launch Pad A2
Popejoy Hall （见11）

**购物**
19 Mariposa Gallery C2

你还会看见以蛇为主题的啤酒瓶和来自美国每一个名为“响尾蛇镇”（Rattlesnake）的邮戳。

**San Felipe de Neri Church** 教堂

（www.sanfelipedeneri.org；Old Town Plaza；每天 7:00~17:30，博物馆 周一至周六 9:30~17:00）这座土砖式教堂始建于1793年，其门面如今是老城最上镜的一景。弥撒时间为周一、周二、周三和周五早上7:00，而周日的弥撒则在7:00、10:15和正午。

**阿尔伯克基生态公园（Albuquerque BioPark）** 公园

对于所有和孩子一起旅行的人来说，河畔的阿尔伯克基生态公园都是逃离城市夏季高温的理想之地。一张涵盖3个主要景点的通票每日中午前出售：一个水族馆（505-764-6200；www.cabq.gov/biopark；2601 Central Ave NW；成人/儿童 $12.50/4，3个景点的通票 $20/6；9:00~17:00，6月至8月 周六及周日 9:00~18:00；）和植物园（www.cabq.gov/biopark；2601 Central Ave NW；成人/儿童 $12.50/4，3个景点的通票 $20/6；9:00~17:00，6月至8月 周六及周日 9:00~18:00）就位于老城西面，以及一个位于更南面的动物园（505-768-2000；www.cabq.gov/biopark；903 10th St SW；成人/儿童 $12.50/4，3个景点的通票 $20/6；9:00~17:00，6月至8月 周六及周日 9:00~18:00）。这个公园还包括Tingley沙滩免费开放的公共区域——说实话，更像是个垂钓湖而非一处沙滩。

**普韦布洛印第安人文化中心** 博物馆

（Indian Pueblo Cultural Center，简称IPCC；505-843-7270；www.indianpueblo.org；2401 12th St NW；成人/儿童 $6/3；9:00~17:00）这个文化中心由新墨西哥州的19个印第安村落共同经营，即使你只打算在阿尔伯克基停留很短的时间，也有必要到此一游。楼下的博物馆对印第安村落的共同历史以及各自的艺术传统进行了生动的展示，而楼上的画廊则提供时常变换的临时展览。它们在一个广场外围呈新月形排列，该广场通常用作舞蹈和手工艺品的展示场地，除了推荐的Pueblo Harvest咖啡馆外，还有一个大的礼品店和零售画廊。

**国家岩画纪念遗址** 考古遗迹

（Petroglyph National Monument；505-899-0205；www.nps.gov/petr；6001 Unser Blvd NW；游客中心 8:00~17:00）这个大沙漠公园位于格兰德河西面，这里保存的熔岩区内拥有超过2万处古老的岩画。从40号州际公路的154号出口下来可以到达游客中心——这里位于老城西北5.5英里处，然后选择一条徒步路径。Boca Negra峡谷是最热闹的，Rinconada峡谷最为静

## 在阿尔伯克基的……

### 一天

在Frontier（见81页）用一盘西红柿辣酱炒蛋佐玉米薄饼（huevos rancheros）开启你新的一天吧，之后直接去普韦布洛印第安人文化中心（Indian Pueblo Cultural Center，见79页），可以在此粗略了解一下普韦布洛印第安人的传统和文化。

接下来去参观生态公园（BioPark，见79页），这里有一个动物园、水族馆、植物花园以及灌木丛旁的天然路径。回城时在Golden Crown Panaderia（见81页）吃点东西，然后信步至老城区（见77页）度过下午。一边吃午饭一边敬仰San Felipe de Neri教堂（见79页），逛逛广场周边的画廊并在美国国际响尾蛇博物馆（American International Rattlesnake Museum，见78页）补习一下蛇类有关知识。在诺布山（Nob Hill，见81页）的室外用餐，阿尔伯克基最时髦的社区到处都是餐厅。

### 两天

在国家岩画纪念遗址（Petroglyph National Monument，见79页）附近闲逛，然后去Loyola's吃午餐，之后再去国家核科学及历史博物馆（National Museum of Nuclear Science & History）大开眼界。在日落之前登上桑迪亚峰（Sandia Crest）山顶——通过缆车或者风景公路都可以到达，这里可以一览格兰德河山谷（Rio Grande Valley）的景致。下山之后，可以在Slate Street Cafe & Wine Loft（见82页）的美食美酒之间徘徊挑选。

谧——路程最长，来回2.2英里，而Piedras Marcadas则拥有300幅岩画。这里曾有过砸窗抢劫的盗窃报道，所以勿将贵重物品留于车内。

## 活动

想要出门一边享受阿尔伯克基的新鲜空气，一边自助探索这个城市，最好的方式就是骑自行车横穿整个城市。在这里，骑自行车对通勤的当地人和国家级水平的赛车手之流来说都是件大事。想要获得这里优秀的自行车道网络的详细信息——包括老城和市中心之间的中央大道的延伸段，以及河谷专用的越野车道——可以从www.cabq.gov/bike下载城市地图。

**Elena Gallegos开放区域** 徒步

（www.cabq.gov；Simms Park Rd；工作日/周末 停车 $1/2；⏲4月至10月 7:00~21:00，11月至次年3月 7:00~19:00）桑迪亚峰（Sandia Crest）是阿尔伯克基的户外游乐场，滑雪和徒步运动很受欢迎。除了几处野餐区外，这个山麓公园还是徒步、跑步和山地自行车运动的起点，某些路线允许轮椅出入。建议在气温过高前到来；或天色过暗之前来此欣赏日落时的全景，这时山峰下方的城市也开始万家灯火。不过要慎重计算好夜间步行的时间，夜色来得很快，到时公园里的郊狼会开始吼叫。虽然它们不会打搅你，但还是会令人紧张不安。

**Routes Rentals** 骑自行车

（☎505-933-5667；www.routesrentals.com；404 San Felipe St NW；含租车费的团队游$30起；⏲周一至周五 8:00~19:00，周六及周日 7:00~19:00）这个位于老城的友好的自行车店出租各种自行车，半天$20起，同时还经营一个很不错的带向导的自行车团队游项目，包括每天的河边之行以及几个专注于热播电视剧《绝命毒师》（*Breaking Bad*）的路线。

**Stone Age Climbing Gym** 攀岩

（☎505-341-2016；www.climbstoneage.com；4130 Cutler Ave NE；白日通票 $16；⏲周一至周五 正午至23:00，周六及周日 10:00~21:00）

虽说在桑迪亚峰有很多不错的攀爬路线，但攀岩者们还是想要征服这个健身房内的攀岩墙，这面墙提供21,000平方英尺的攀爬地形，模拟了相当多样的岩石特点。这里提供课程，你也可以租借设备。从40号州际公路的Carlisle出口就能到达这里。

## 住宿

尽管阿尔伯克基拥有约150家酒店——所有房间在国际热气球节（International Balloon Fiesta）和国家集会（Gathering of Nations）时都会爆满——却没几个有什么特色。如果你追寻个性或魅力，挑一家民宿是更好的选择。

最便宜的汽车旅馆都在中央大道两旁，尤其是在25号州际公路入口的匝道附近，以及诺布山东面。通常可以在$50之内拿下一个房间，但有些可能相当差劲。更好一些的连锁酒店集中在偏南一些的地方，靠近机场和新墨西哥州大学。

**Econo Lodge Old Town** 汽车旅馆 $

（505-243-8475；www.econolodge.com；2321 Central Ave NW；房间 含早 $69；P 空调 @ 无线 游泳池）就在广场西面5分钟步行范围之内，这家明亮干净的汽车旅馆对想要探索老城或生态公园的人来说十分适合，现代房间宽敞、设备齐全，带有一个室内游泳池，提供免费的热早餐。

**Route 66 Hostel** 青年旅舍 $

（505-247-1813；www.rt66hostel.com；1012 Central Ave SW；铺 $20，房间 $25起；P @ 无线）这家刷成柠檬色的青年旅舍位于城中心以西几个街区的一栋旧时的居民楼内，有男性和女性宿舍，还有简单的私人房间，其中一些需要使用公用浴室。床铺稍有年头，但气氛很友善，公共设施包括一个图书馆和一间供应免费自助早餐的厨房。由志愿者管理，在13:30至16:30不能办理入住手续。

**Andaluz** 精品酒店 $$

（505-242-9090；www.hotelandaluz.com；125 2nd St NW；房间 $112~279；P 空调 @ 无线）阿尔伯克基最好的历史酒店于1939年建于市中心的心脏位置，已经进行过现代化翻修，而一些时代细节则得到了保留，比如那个超棒的中厅——舒适的拱形廊柱下方的角落放着桌子和沙发。房间里配有低过敏性的床铺和地毯，Más Tapas Y Vino餐厅很棒，还有一个屋顶酒吧。提前30天预订可以享受最佳优惠。

**Los Poblanos** 民宿 $$$

（505-344-9297；www.lospoblanos.com；4803 Rio Grande Blvd NW；房间 $180~330；P 空调 @ 无线）这个拥有20个房间令人惊艳的民宿位于一个20世纪30年代建立的乡村牧场内，已列入"国家历史遗址名录"，位于老城北部5分钟车程的地方。这里靠近格兰德河，坐落在25英亩的花园、薰衣草田（花期为6月中旬至7月）和一个有机农场内。豪华的房间里配有kiva式壁炉，而农场的产品则被用于供应早餐。

## 就餐

阿尔伯克基提供很多带有南方乡土气息的新墨西哥州菜式，还提供本地最为丰富的国际菜肴。这里不像圣菲一样是个美食目的地，而且专门面向游客的餐厅并不十分出众。如果想要找寻从时髦到家庭式、从实惠到讲究排场的各种美食，大学周边的诺布山区是目前最好的选择。

**Golden Crown Panaderia** 面包坊 $

（505-243-2424；www.goldencrown.biz；1103 Mountain Rd NW；主菜 $7~20；周二至周六 7:00~20:00，周日 10:00~20:00）有谁会不喜欢友善的邻家咖啡馆式的面包坊呢？尤其是一家位于舒适的老土砖房内、有着亲切的员工、刚出炉的面包和比萨饼、水果肉馅卷饼、顺滑的意式浓缩咖啡和处处有免费饼干的面包坊？提前打电话预订一条很快就会卖光的绿辣椒面包——然后趁它还冒着热气的时候就在院子里把它吃掉。

**Frontier** 新墨西哥菜 $

（505-266-0550；www.frontierres

## 阿尔伯克基的山：桑迪亚峰

多亏了10,378英尺高的桑迪亚峰（Sandia Crest），阿尔伯克基人可以轻易地分辨出东边在哪边。这座山对于桑迪亚印第安人村庄（Sandia Pueblo）来说是个神圣之地，因其波浪状的轮廓和日落时花岗岩峭壁放射出耀眼的粉红色（sandia在西班牙语中意为"西瓜"）而得名。共有三条通向山顶的道路。

» 8英里（单程）长的美丽的 **La Luz小径**（FR 444，停车$3）是其中最令人满意的，这里与沙漠之间的高度差达3800英尺，小径会经过一处小小的瀑布进入松树林，能欣赏到壮丽的景色。这里会比较热，尽量早一点出发。在25号州际公路以东取道Tramway Blvd大街，然后在FR 333处左转来到小径的起点。

» 桑迪亚峰缆车（Sandia Peak Tramway；☎505-856-7325；www.sandiapeak.com；30 Tramway Rd NE；停车 $1，成人/13~20岁青年人/儿童 $20/17/12；⏰6月至8月 9:00~24:00，9月至次年5月周三至周一 9:00~20:00，周二 17:00~20:00）是登顶的最奢华路线，可以来回都乘坐缆车，或是搭乘缆车上山，之后沿着La Luz小径走下山，需要在Tramway小径上多走2英里才能回到停车场。

» 还有一种方式就是直接开车，先选择14号公路驾驶，然后在Sandia Crest Rd路（165号公路）左转。这条路连接了各条小径的起点和野餐点（一天$3的停车费就包含了所有使用费），在得到许可证之后，可以在Cibola国家森林进行环保露营（$3）。选择可谓无穷无尽，但别错过了走1英里左右就能轻松往返的桑迪亚人洞穴（Sandia Man Cave），这里是1936年发现的北美洲已知最早的人类聚居点之一，带上手电筒。小径的起点位于165号公路沿途，就在去往桑迪亚峰的岔路北面。

在山顶，桑迪亚峰游客中心（Sandia Crest Visitor Center；☎505-248-0190；Hwy 165；⏰冬季 10:00至日落，夏季 10:00~19:00）每天都提供自然项目；**Sandia Crest House**（☎505-243-0605；www.sandiacresthouse.com；菜肴 $4~9；⏰10:00~17:00）和游客中心位于同一栋建筑内，供应汉堡和小吃。这里是优美的桑迪亚峰小径（Sandia Crest Trail）的起点。这条路沿着山脊线往北11英里，向南则沿着山脊前行16英里，不管选哪个方向都能欣赏到极致美景。

选往南的那条路走2英里，经过**Kiwanis Cabin**石屋，到达缆车站以及**High Finance**（☎505-243-9742；www.sandiapeakrestaurants.com；午餐 主菜 $7~15，晚餐 主菜 $20~38；⏰周三至周日 11:00~15:00，每日 16:30~21:00），这里的食物没什么特别之处，但景色令人惊叹。

这里还有桑迪亚峰滑雪公园（Sandia Peak Ski Park；☎505-242-9052；www.sandiapeak.com；升降梯门票 成人/儿童 $50/40；⏰12月至次年3月及6月至9月 9:00~16:00），一个很小但景色优美的滑雪区域。夏天时，公园出售$58的自行车及升降梯组合票（押金$650）——你可以得到一张自行车和升降梯通票，这样就能全天在那些下山路上冲刺了（注意缆车上不允许带自行车）。

taurant.com；2400 Central Ave SE；主菜 $3~12；⏰5:00至次日1:00；🅿🚸）排队等候巨大的肉桂卷（带有大量黄油）和一些城里最好的西红柿辣酱炒蛋配墨西哥玉米薄饼（huevos rancheros）。这里的食物和西部艺术都是上好的，还有来来往往的路人。

**Slate Street Cafe & Wine Loft** 新式美国菜 $$

（☎505-243-2210；www.slatestreetcafe.com；515 Slate St；早餐 $6~12，午餐 $9~16，晚餐 $12~28；⏰周一至周五 7:30~15:00，周六及周日9:00~14:00，周二至周四 17:00~21:00，周五及周六 17:00~22:00）这里是很受欢迎

的城中心约会地，就在6th St街的西北部，Lomas Blvd大街的北面。楼下的咖啡馆通常都挤满了来享用令人大开眼界的美国西南部暖心美食的人，从花生酱和果冻三明治到香料裹猪排都有，而楼上的葡萄酒阁楼则按杯供应25种葡萄酒，还有固定的品酒环节。

## 饮品

阿尔伯克基的酒吧生活长久以来一直以城中心和诺布山区为中心，近些年变得更为活跃，出现了一批新生的出售自酿啤酒的酒馆，分散于市内各处。

**Satellite Coffee** 咖啡馆

(www.satellitecoffee.com; 2300 Central Ave SE; 周一至周五 6:00~23:00，周六及周日 7:00~23:00; ) 阿尔伯克基对付星巴克的方式就存在于这些时髦的咖啡馆里——城里还有另外8处分店——吸引了许多携带手提电脑的常客。这家咖啡馆是由Flying Star连锁店那帮厉害的家伙建立的，并且仍然归他们所有。

**Anodyne** 酒吧

(505-244-1820; www.theanodyne.com; 409 Central Ave NW; 周一至周六 16:00至次日1:30，周日 19:00~23:30) Anodyne是个打桌球的好地方，地方很大，墙边堆满了书，木头天花板，有许多带软垫的椅子、超过100种瓶装啤酒，还能打量中央大道上的过往行人。

**Marble Brewery** 自酿酒吧

(505-243-2739; www.marblebrewery.com; 111 Marble Ave NW; 正午至午夜，周日 正午至22:30) 一家很受欢迎的酒馆，位于城中心，出售自制啤酒，与同名酿酒厂相连，对于冬日的夜晚来说，这里的内部装修极为温暖舒适，还有一个啤酒花园，夏季时，当地的乐队会在傍晚时分演奏现场音乐。一定要尝尝他们家11度的Imperial Stout。

## 娱乐

想要获得阿尔伯克基许多夜总会的详细列表以及即将开始的活动日历，可以取用一份每周二出版的免费周报*Alibi*(www.alibi.com)。周五的《阿尔伯克基日报》(*Albuquerque Journal*)也很有用。市中心的夜生活很棒，而新墨西哥州大学周边的诺布山区也很活跃。**UNM Lobos**(www.golobos.com)有满满一整张花名册的运动队，但最出名的还要属篮球(男队和女队)以及女子排球队。

**Launch Pad** 现场音乐

(505-764-8887; www.launchpadrocks.com; 618 Central Ave SW) 这个复古与现代相结合的地方是当地现场音乐最为热门的舞台。

**Guild Cinema** 电影院

(505-255-1848; www.guildcinema.com; 3405 Central Ave NE; 门票 $8) 这家独立经营、单荧幕的剧院播放不错的独立、先锋、好莱坞周边、政治和国际特色电影。放映结束后可以现场讨论指定的电影。

**阿尔伯克基同位素队** 棒球

(Albuquerque Isotopes; www.albuquerquebaseball.com; Ave Cesar Chavez, Isotopes Park, University SE) 首先，这个城市的棒球队确实得

### 表演艺术

市中心历史悠久的**KiMo剧院**和位于新墨西哥州大学校园内的**Popejoy Hall**(www.popejoypresents.com; Central Ave, at Cornell St SE)是音乐和当代戏剧表演的最佳场地，**新墨西哥州芭蕾舞团**(New Mexico Ballet Company; www.newmexicoballet.org; 门票 $11~24)和**新墨西哥州交响乐团**(New Mexico Philharmonic; www.nmphil.org)都会在Popejoy Hall及其他场地忙碌演出。最近这段时间，最大牌的流行乐、摇滚和乡村明星们都弃城中场地于不顾，被诱至邻近的赌场内表演，尤其是在Sandia Casino赌场。

名于《辛普森一家》(*The Simpsons*)中的一集"Hungry, Hungry Homer"。在剧中,美国最受欢迎的荧幕父亲角色试图不让他喜爱的斯普林菲尔德同位素队搬到阿尔伯克基。同位素队销售的商品相比任何其他小型(以及多数大型)的联盟队都要多。他们有时也还是能赢球。

## 购物

阿尔伯克基最有意思的店铺都位于老城和诺布山区。

**Mariposa Gallery** 工艺品

(☎505-268-6828; www.mariposa-gallery.com; 3500 Central Ave SE)由本地艺术家设计的美丽时髦的艺术品、手工艺品和珠宝。

**Silver Sun** 珠宝

(☎505-246-9692; www.silversunalbuquerque.com; 116 San Felipe St NW; ⏲9:00~16:00)一处颇有口碑的老城店铺,主要经营天然的美国绿松石,既卖原石也销售珠宝成品。

## 实用信息

### 网络资源

**阿尔伯克基在线**(Albuquerque Online; www.abqonline.com)当地商业的详尽列表和链接。

**阿尔伯克基之城**(City of Albuquerque; www.cabq.gov)公共交通、地区景点以及其他。

### 游客信息

**阿尔伯克基会议及旅游局**(Albuquerque Convention & Visitors Bureau; ☎505-842-9918; www.itsatrip.org; 20 First Plaza NW, 2nd St和Copper Ave的交叉路口; ⏲周一至周五 9:00~16:00)

**老城信息中心**(Old Town Information Center; ☎505-243-3215; www.itsatrip.org; 303 Romero Ave NW; ⏲10月至次年5月 10:00~17:00, 6月至9月 10:00~18:00)

## 当地交通

阿尔伯克基是开车很方便的一个城市,街道宽敞,通常都能在你想要停留的街区内找到计时甚至免费的停车点。

# 圣菲(Santa Fe)

欢迎来到"与众不同之城",这个地方管理自成一派,同时又并未抛弃其丰富悠久的历史。当漫步于其历史街区或是忙碌的中心广场上,不可否认圣菲拥有一种永恒而朴实的灵魂。圣菲建于1610年左右,是美国第二古老的城市以及最古老的州府,这里相当独一无二:不仅保留了许多颇具魅力的原始土砖建筑,还坚持要求所有新建的市中心建筑物都遵循同一种风格。不过,尽管这里拥有该国最古老的公共建筑并每年都举办最古老的节日派对Fiesta,圣菲仍然是当代时尚的同义词,这得归功于其繁荣的艺术市场、美食餐厅、上好的博物馆、高档的水疗所和世界级的歌剧艺术。

圣菲海拔7000英尺,也是美国最高的州府。它坐落在银光闪闪的Sangre de Cristo山脉脚下,是进行徒步、山地自行车、背包旅行和滑雪的极佳大本营。当你结束了户外活动,可以沉浸在以下活动:享用本地超辣的菜肴、在广场上直接从美洲原住民珠宝匠手中购买绿松石和银器、探访非凡的教堂,或是仅仅在杨木遮阴的百年历史小巷中闲逛,做做有朝一日迁居此地的美梦。

## 景点

对于同样规模的城市来说,圣菲可谓麻雀虽小、五脏俱全。不仅仅是因为其小小的市中心地带仍然满是殖民地时期的土砖房和教堂,该地区的美洲原住民传统随处可见,还因为它们和一批世界级的博物馆以及艺术画廊融合在一起。在博物馆山(Museum Hill)上还有一些优秀的博物馆,就在东南方向一小段车程之内。

### 市中心

圣菲市中心仍然以历史悠久的广场以及环绕广场的街道网为中心。很容易就能在这些街区打发掉一整天的时光,其间还可顺路拜访艺术和历史博物馆,并在无数咖啡馆、餐厅和店铺间停下来休息。

穿过圣菲河(Santa Fe River)——一年的大部分时间里都是干涸的,但河边有绿意盎然的小径——就可以看到新墨西哥州州政府的办公大楼。Guadalupe区和Railyard区拥

圣菲的建筑
P_WEI / GETTY IMAGES ©

有活力四射的酒吧和餐馆，就在西面不远处，而满是画廊的Canyon Rd路则向东延伸。

**广场（The Plaza）** 广场

在超过400年的时间里，广场都矗立于圣菲的心脏位置。最初，它标志着墨西哥的Camino Real的最北端，而后，它成了沿着圣菲小径（Santa Fe Trail）向西行进的四轮运货马车的目标终点。今天，这个绿意盎然的广场上挤满了闲逛博物馆和品尝玛格丽塔鸡尾酒的游客、食物小摊铺、玩滑板的孩子们以及街头音乐家们。在总督府的门廊下方，沿着广场的北部，普韦布洛印第安人（Pueblo Indians）出售着珠宝和陶器。

**总督府** 历史建筑

（Palace of the Governors；☎505-476-5100；www.palaceofthegovernors.org；105 W Palace Ave；成人/儿童 $9/免费；⏲10月至次年5月 10:00~17:00，周一不开放）作为美国最古老的公共建筑，这个低矮的土砖复式建筑最初在1610年时用作新墨西哥的第一任西班牙总督的住所；在1680年时为起义的普韦布洛印第安人所占领；然后，1846年之后，这里成为美国领土上最早的州长官邸。如今，这里主办精彩的有关圣菲多面历史的展览，并会展出一些很棒的西班牙宗教艺术品，而其位于一旁更为现代的附属物——新墨西哥州历史博物馆（New Mexico History Museum），则讲述了该州作为一个整体的故事。

**乔治亚·欧姬芙博物馆** 博物馆

（Georgia O' Keeffe Museum；☎505-946-1000；www.okeeffemuseum.org；217 Johnson St；成人/儿童 $12/免费；⏲10:00~17:00，周五 10:00~19:00）一个不规则的20世纪土砖房里有10个灯光明亮的画廊，这个博物馆拥有世界上最多的欧姬芙作品。她最出名的就是其所绘制的明晰的新墨西哥州地貌，但这里不断更换的展览涵盖了她整个职业生涯，比如，关注她在纽约的那些年。全世界的一些主要博物馆都拥有她最著名的画作，所以你可能无法在此见到熟悉的作品，但你一定会为所展示的那些厚重画法和超常的颜色而倾倒。

登录博物馆网站预订欧姬芙的故居游览票——位于Abiquiú村，距离圣菲西北50英里。

## 博物馆山（Museum Hill）

圣菲最出色的4个博物馆都坐落在博物馆山上，在广场西南2英里处。这个低矮的小丘位置绝佳，拥有美丽的山景，但从任何意义

## 在圣菲的……

### 两天

在 Cafe Pasqual's 用过早餐之后，去乔治亚·欧姬芙博物馆(Georgia O' Keeffe Museum)感受艺术氛围。在广场周边漫步，看看人行道上售卖的美洲原住民珠宝首饰，然后再闪进历史悠久的总督府。在 Tia Sophia's 享用一份经典(而且便宜)的新墨西哥式午餐后再去峡谷路一带逛逛画廊。晚餐的话，可以去 Tune-Up Cafe 来一些随意的当地菜肴。

第二天一早，先在 Santa Fe Baking Co. 大快朵颐一番。然后直接去博物馆山，优先参观令人叹为观止的国际民俗艺术博物馆(Museum of International Folk Art)。到 Harry's Roadhouse 吃午饭，之后在 Ski Basin Rd 路上来一次风光之旅，这里有相当多的徒步及自行车骑行路线。在该城最古老的酒馆 El Farol 里用晚餐，再听听现场音乐。棒极了！

### 三天

在城里待了两天之后，在 Tesuque Village Market 吃点早餐，然后去 Bandelier National Monument 的峡谷徒步，爬一段台阶到达悬崖边古老的基瓦会堂(kivas)。之后就回到圣菲享用晚餐，在 Cowgirl Hall of Fame 来份烧烤胸肉配油炸玉米粉饼和一两杯龙舌兰玛格丽塔鸡尾酒。



上来说都不算是个社区——所有博物馆都有很棒的礼品店，此外除了一个研究型图书馆和一个推荐的咖啡馆外，这里别无他物。这里也不算是一个好的步行目的地，如果你无法驾车或骑自行车，那就利用圣菲小径的公共汽车网络吧，或是搭乘M线，或者在5月至10月中旬之间享受免费的接车服务。

**国际民俗艺术博物馆** 博物馆

(Museum of International Folk Art; ☎505-827-6344; www.internationalfolkart.org; 706 Camino Lejo; 成人/儿童 $9/免费; ⏲9月至次年5月 10:00~17:00，周一关闭)这家圣菲最特别、最令人愉悦的博物馆集中了世界上最多的民俗艺术收藏品。庞大的主展展厅展出了异想天开、令人震惊的物件，来自100多个不同的国家。小小的人物雕塑在完全复原的村落和城市场景里碌碌营营，而娃娃、面具、玩具和服饰则挂满了四面墙壁。位于其他侧翼不断更换的展览主攻本地艺术及全球各地文化。试着前来逛逛不可思议的国际民俗艺术市场(International Folk Art Market)——7月中旬在此举办。

**印第安艺术和文化博物馆** 博物馆

(Museum of Indian Arts & Culture; www.indianartsandculture.org; 710 Camino Lejo; 成人/儿童 $9/免费; ⏲9月至次年5月 10:00~17:00，周一关闭)这个一流品质的博物馆力图探寻整个西南地区沙漠地带各个美洲原住民族群的起源及历史，并解释和展示了他们极为不同的文化传统。普韦布洛(Pueblo)、纳瓦霍(Navajo)和阿帕切(Apache)族的被采访人讲述了每个族群如今面对的现实，还有极为华美的现代及古老的陶器收藏品，有趣的临时展品则作为补充。

## 活动

圣菲的文化吸引力或许算得上是首屈一指，但游客们不只对艺术欣赏感兴趣。去了不起的户外吧！想要了解各种选择，公共土地信息中心(Public Lands Information Center，见95页)能提供最好的一站式服务——位于城南14号公路旁，位置不太便利。

在进行任何伸展运动之前，切记这一带的高海拔，花点时间来适应这里的环境，并在去往高处时留意一下高原病的一些症状。山里的天气情况变化很快，夏季时雷雨极为频繁，尤其是下午时分，因此在准备徒步时要注意观察天气。通常来讲，大多数路径在冬季下雪时都会关闭，而高处的路径在5月时也可能被关闭。

当地最好的徒步路径和户外活动地图是*Santa Fe/Bandelier/Los Alamos*地图，由Sky

Terrain出版。

## 住宿

谈到奢侈级住宿，圣菲所拥有的豪华酒店和时髦民宿的数量已远超其规模，在广场周围一个街区范围内有一些令人难忘的历史酒店可供选择。距离市中心越远，房价就逐步下降，低预算和全国连锁型酒店分布在Cerrillos Rd路通向25号州际公路一带。

圣菲有两个旺季，届时你应该提前很长时间预订，并需要支付更高的价格：夏季，尤其是在8月的印第安市场（Indian Market）期间以及歌剧之夜，再加上12月。1月和2月是最便宜的月份。这里显示的房价不包含税及其他附加项目收费——这一部分会超出11%至15%。

圣菲国家森林（Santa Fe National Forest）和海德州立公园（Hyde State Park）是周边驾车露营最好的地点。可以在公共土地信息中心（Public Lands Information Center）咨询信息。

**Silver Saddle Motel** 汽车旅馆 $

（☎505-471-7663；www.santafesilversaddlemotel.com；2810 Cerrillos Rd；房间 $62起；P ❄ @ 📶 🐾）这个老式甚至有点俗气的66号公路汽车旅馆的复式建筑位于广场西南3英里处，是城里最好的廉价住宿。有些房间自带不错的瓷砖小厨房，而所有的房间外面都有遮阴的木头拱廊和舒适的牛仔风格的内部装饰——可以的话，最好住肯尼·罗杰斯（Kenny Rogers）或怀亚特·厄普（Wyatt



### 圣菲5大一日短途徒步路线

圣菲周边有无数徒步路径。不管你是想要进行全天候的探险活动，还是想在一个特别的地形中轻松漫步，都能找到合适的路线。以下所列的徒步路线的起点都是在从广场出发的1小时车程范围内。

**乌鸦山脊（Raven' s Ridge）**和上温莎路线一样，从滑雪场下方的停车场出发，乌鸦山脊路线向东行进，头一英里需要攀登陡峭的"之"字形山路，之后再沿着佩科斯荒原（Pecos Wilderness）的边界到达皮克湖（Lake Peak，12,409英尺）的顶部——这里比树梢还要高。这是一段需要攀爬到相当高度的艰苦徒步行程，只要身体吃得消，就非常值得。其他路线的风景都无法与之相提并论，上到这里，你就能感受到永恒。沿着滑雪场的坡道走一个环形的回程，整个往返约为4英里。

**上温莎（Upper Winsor）**从滑雪场下方出发后的头一英里有些陡峭，之后就慢慢轻松下来，沿着森林坡道缓慢地登山，直到终点。Puerto Nambé（11,050英尺）是一块巨大而美丽的草地，位于北部的Santa Fe Baldy（12,622英尺）和南方的Penitente Peak（12,249英尺）之间的鞍形底部，是野餐的理想地点。来回的行程约为10英里。

**山杨树之景（Aspen Vista）**这条高大上的小径可以让你沉浸在神奇的秋叶景色中，路如其名。头一两英里十分轻松，沿着一条老旧的土路慢慢提升高度。越往前走，难度就慢慢加大，如果你觉得够了，原路返回即可。徒步起点的海拔约为10,000英尺，整条路通向下方的滑雪场，有"150号小径"的标志。山地车骑手们也喜爱这条路线。

**仙纳圭亚岩画遗址（La Cieneguilla Petroglyph Site）**位于Airport Rd路的起点距离城中心西南12英里，有一块清楚的路标，头半英里是一条土路。这条路线经过低矮的山间到达一块岩石悬崖，这里有古老的Keresan岩画，包括长笛吹奏者Kokopelli的画像。徒步全程需要一小时时间。

**帐篷岩（Tent Rocks）**在Kasha-Katuwe的帐篷岩国家历史遗址进行徒步，的的确确令人感觉超现实，这里靠近Cochiti Pueblo，距离圣菲西南40英里，不长的小径蜿蜒穿行过一片地质奇境。

## Downtown Santa Fe 圣菲市中心

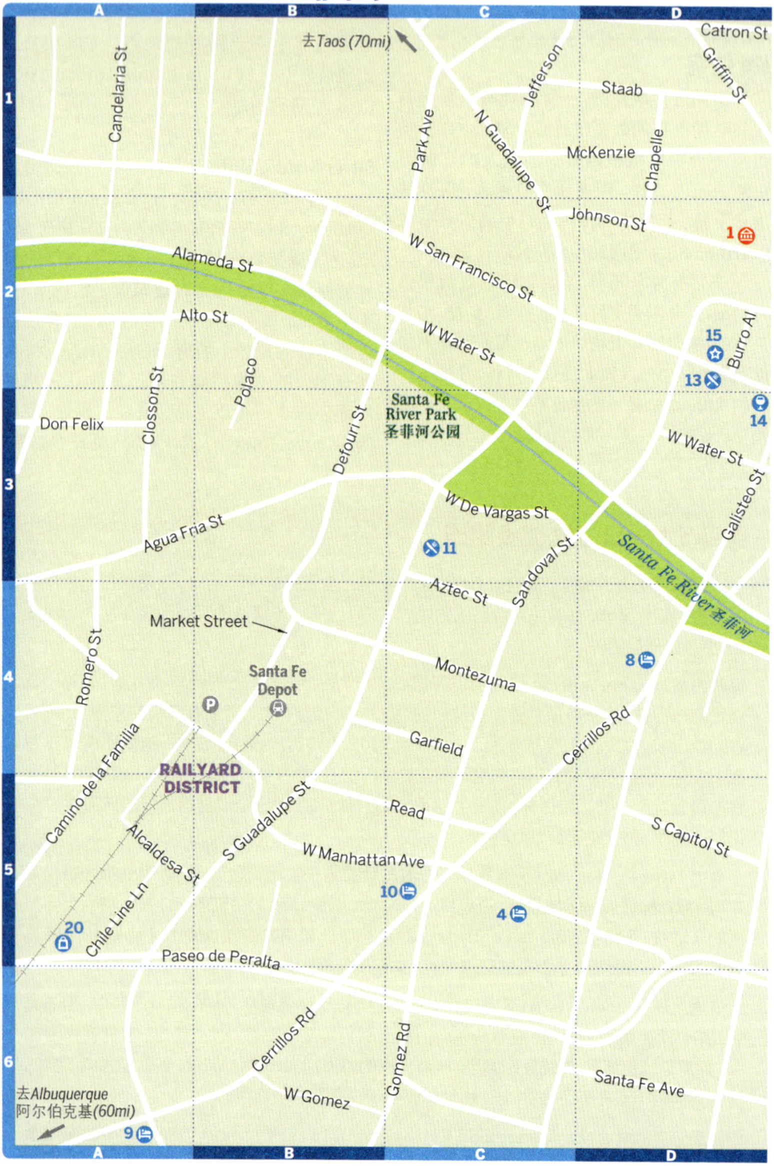


Earp)房。房费包含欧式早餐。

**圣菲国际青年旅舍** 青年旅舍 $

（Santa Fe International Hostel; ☎505-988-1153; www.hostelsantafe.com; 1412 Cerrillos Rd; 铺 $18, 房间 $25~35; P @ 📶）这家公益性青年旅舍位于一个凌乱的前汽车旅馆内，距离South Capitol Rail Runner车站很近。3间只有基本生活设施的房间为6床宿舍，剩下的房间则有独用或公用浴室。可以在公共休息室和厨房与其他旅行者见面交流，也可以从员工处获取一些旅行小建议，每周有一次享

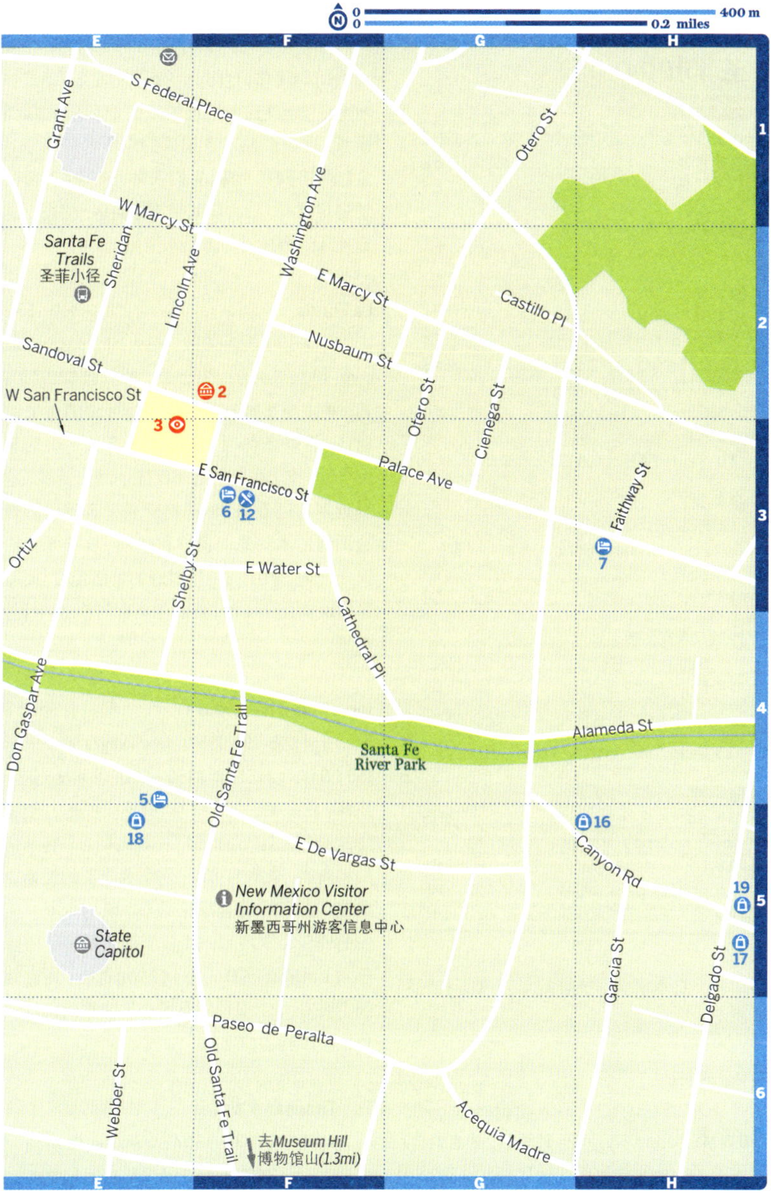


用捐赠的免费食物的机会。只接受现金，需要做一些日常杂务。

**Rancheros de Santa Fe Campground** 露营地 $

(☎505-466-3482; www.rancheros.com; 736 Old Las Vegas Hwy; 帐篷/房车点/小屋 $25/42/49; ⏲3月中旬至10月; 📶🏊🐾) Rancheros在广场东南方8英里处，可以由25号州际公路290号出口下来，这里有阴凉而宽敞的帐篷及房车露营点，有简朴的森林小屋，景色不错，还有一个便利店和免费的Wi-Fi。

## Downtown Santa Fe 圣菲市中心

### 景点

1 乔治亚·欧姬芙博物馆 ........ D2
2 总督府 ........ F2
3 广场 ........ E3

### 活动、课程和团队游

La Posada Spa ........ (见7)

### 住宿

4 El Paradero ........ C5
5 Inn of the Five Graces ........ E4
6 La Fonda ........ F3
7 La Posada de Santa Fe ........ H3
8 Old Santa Fe Inn ........ D4
9 Sage Inn ........ A6
10 Santa Fe Motel & Inn ........ C5

### 就餐

11 Cowgirl Hall of Fame ........ C3
French Pastry Shop ........ (见6)
12 La Plazuela ........ F3
13 Tia Sophia's ........ D2

### 饮品和夜生活

Bell Tower Bar ........ (见6)
14 Evangelo's ........ D3

### 娱乐

15 Lensic Performing Arts Center ........ D2

### 购物

16 Adobe Gallery ........ H5
17 Economos/Hampton Galleries ........ H5
18 GF Contemporary ........ E5
19 LoneDog NoiseCat ........ H5
20 圣菲农夫市场 ........ A5

享用一下热水淋浴、便宜的早间咖啡和晚间电影吧。

**El Paradero** 民宿 $$

(☎505-988-1177; www.elparadero.com; 220 W Manhattan Ave; 房间 $130起; P❄@📶)这家有着200年历史的土砖民宿位于河的南面，每个房间都独一无二而充满个性。其中两个房间的独用浴室需要穿过大堂，剩下的房间则自带浴室，我们最喜欢的是6号和12号房间。全套式早餐令人满意，而房费也包含下午茶。一间独立的小屋拥有两套厨房设备，可以混合使用($350)。

**El Rey Inn** 酒店 $$

(☎505-982-1931; www.elreyinnsantafe.com; 1862 Cerrillos Rd; 房间 $105起; P❄@📶🏊)这个经典的庭院酒店受到强烈推荐，这得归功于它超棒的以西南部风格为主题的房间和套房，它们四散分布于5英亩的景观花园内。有些房间带有小厨房，相当大的室外泳池旁还有一个热水浴缸。

**La Fonda** 历史酒店 $$$

(☎800-523-5002; www.lafondasantafe.com; 100 E San Francisco St; 房间/套 $219/309起; P❄@📶🏊)这是圣菲最可爱的历史酒店，一直以来都因为其“圣菲小径尽头的旅馆”而闻名，和广场之间仅隔一间土砖屋。这里近期有过升级，但仍然保留了其美丽的带有民间艺术气息的窗户和壁画，显得既上档次又舒适，顶层有一些很好的奢侈套房，而屋顶的Bell Tower Bar酒吧还能看到壮丽的日落美景。

**Inn of the Five Graces** 精品酒店 $$$

(☎505-992-0957; www.fivegraces.com; 150 E DeVargas St; 套 $450~800; P❄📶)这个高雅、独一无二的“珍宝”并不仅仅是一个奢华的避世之处，还提供了一种高档吉卜赛风格的逃离感。豪华套房以一种异常丰美的波斯、印度、亚洲的混合风格装饰，带有壁炉、美丽的瓷砖小厨房和一个位于河边石墙后的院子。Luminaria House ($2500每晚)拥有两间主卧室、5个壁炉以及所有你能想到的这一价格应该具备的硬件。

**Ten Thousand Waves** 度假村 $$$

(☎505-982-9304; www.tenthousandwaves.com; 3451 Hyde Park Rd; 房间 $239起; P❄📶🐾)这个日式水疗度假村位于广场东北4英里处，有13间极好的禅意十足的独立式旅馆。其中大多数带有壁炉以及一处平台或院子，距离山坡处的热水浴缸和按摩小屋都在步行距离之内。欢迎带宠物——需要额外支付$20——提供不同尺寸的床、骨头和零食。

## 就餐

**Santa Fe Baking Company** 美国菜 $

（☎505-988-4292；www.santafebaking-companycafe.com；504 W Cordova Rd；主菜 $6~12；⏰周一至周六 6:00~20:00，周日 6:00~18:00；📶🥬👶）这家忙碌的咖啡馆供应汉堡、三明治和大份早餐以及奶昔——这里如同一个大熔炉，圣菲的各式人等每天在此轮番现身。不信？工作日的8点，当地的广播电台KSFR会在这里广播一场脱口秀。

**Tia Sophia' s** 新墨西哥菜 $

（☎505-983-9880；210 W San Francisco St；主菜 $7~10；⏰周一至周六 7:00~14:00，周日 8:00~13:00；🥬👶）在这个年头已久、永远人头攒动的圣菲最受欢迎的餐厅里，当地艺术家和外地名人比游客还多。早餐最棒，有很赞的玉米煎饼和其他西南风味菜肴，午餐也很美味，试试极好的酿青椒（chile rellenos），或是每天不同的特色菜。儿童书架可以帮小家伙们打发时间。

**Jambo Cafe** 非洲菜 $$

（☎505-473-1269；www.jambocafe.net；2010 Cerrillos Rd；主菜 $9~16；⏰周一至周六 11:00~21:00）尽管这里每年都在扩张，从公路上过来的话还是很难找到这个非洲风味咖啡馆，但一旦进到餐馆内，就能感受到它的可爱之处。这里总是有很多的本地人，他们喜爱与众不同的山羊肉、鸡肉和扁豆咖喱、蔬菜三明治和烤面包，更不用提这里的雷鬼背景音乐。

**Harry' s Roadhouse** 美国菜、新墨西哥菜 $$

（☎505-989-4629；www.harrysroad-housesantafe.com；96 Old Las Vegas Hwy；早餐 $6~10，午餐 $8~11，晚餐 $8~22；⏰7:00~21:30；👶）这个位于城南部边缘地带的休闲式餐馆长久以来都很受欢迎，感觉像是个漫无边际的农舍，有很多房间和天井花园——酒吧里的酒类很齐全。而且，这里所有的食物都很不错，此话不假，尤其是甜品。

**Tune-Up Cafe** 各国风味 $$

（☎505-983-7060；www.tuneupsantafe.com；1115 Hickox St；主菜 $8~15；⏰周一至周五 7:00~22:00，周六及周日 8:00~22:00；👶）这个休闲的街坊聚会点位于Railyard区西面，主厨来自萨尔瓦多，他将自己的创新想法运用到经典的新墨西哥菜和美国早午餐最爱上，这里也供应超棒的萨尔瓦多式酿玉米饼（pupusa）、molé colorado玉米卷饼和煎玉米卷配鱼肉。

**Tesuque Village Market** 咖啡馆 $$

（☎505-988-8848；www.tesuquevillage-market.com；138 Tesuque Village Rd，Tesuque；主菜 $9~24；⏰7:00~21:00）这个小馆子由乡土变身时髦，在周末是个热点，人们从这里往来于Tesuque跳蚤市场（Tesuque Flea Market）之间。如果你既饿又赶时间，就来一个可以拿在手上的玉米煎饼——早餐时的玉米煎饼会让你有开始新的一天的好心情，而红辣椒炖猪肉（carne adovada）则不输于任何地方。可以走Bishops Lodge Rd路或北面的285号公路从168号出口下来。

**Cowgirl Hall of Fame** 烧烤 $$

（☎505-982-2565；www.cowgirlsantafe.

陶器装饰，圣菲

GLOW IMAGES, INC / GETTY IMAGES ©

com；319 S Guadalupe St；主菜 $8~23；⌚周一至周四 11:30至午夜，周五及周六 11:00至次日1:00，周日 11:00~23:30；👪）这里有多汁的烤肉、一流的玛格丽塔鸡尾酒、开放的庭院、台球室和现场音乐——来到西部的女性都在此狂热庆祝——这个餐馆式酒吧对于任何年龄段的游客来说都是个有意思的地方，后面甚至还有一个为孩子们准备的游乐场。一定要尝尝烤胸肉，可以裹在油炸玉米粉饼中，再配上红辣椒。

**La Plazuela** 新墨西哥菜 $$$

（☎505-982-5511；www.lafondasantafe.com；100 E San Francisco St，La Fonda de Santa Fe；午餐 $11~18，晚餐 $14~32；⌚周一至周五7:00~14:00和17:00~22:00，周六及周日7:00~15:00和17:00~22:00）圣菲最大的愉悦之一就是在Fonda令人无法抗拒的中庭内吃上一顿，在这里用餐的人们既被人打量也可以打量别人。这里吵吵闹闹、令人兴奋，装饰丰富多彩，新墨西哥菜肴水准很高，菜单上既有当代菜肴，又有一些如墨西哥烤肉（fajita）和玉米粉蒸肉（tamale）这样的标准菜式。

**El Farol** 西班牙小吃 $$$

（☎505-983-9912；www.elfarolsf.com；808 Canyon Rd；午餐 $8~18，晚餐 $25~35；⌚11:30至深夜；🍸👪）这家受欢迎的餐馆式酒吧位于一个真切朴素的土砖房内，每晚都有现场音乐。尽管El Farol供应上好牛排，大多数人还是前来这里品尝各种不同的西班牙餐前小吃（3种$25）。每周的弗拉明戈晚餐秀收费$25，和其他的娱乐活动（通常20:00开始）一起，营造着完美的特殊氛围。孩子们也喜欢来这里。

**Cafe Pasqual's** 各国风味 $$$

（☎505-983-9340；www.pasquals.com；121 Don Gaspar Ave；早餐和午餐 $9~16，晚餐 $24~43；⌚周日至周四 8:00~15:00和17:30~21:30，周五及周六 8:00~22:00；🍸👪）无论你在何时前来这个生机勃勃而色彩丰富、完全不高调的地方，这里的食物——大多数有实实在在的墨西哥风味——都值得你为此所付出的高价中的每一分钱。早餐菜单里有名的菜式有huevos motuleños——用油煎香蕉、菲达奶酪以及其他制成。除此之外，肉类和鱼类主菜都超级赞。只有晚餐接受预订。

## 饮品和夜生活

关于何处能喝到最好的玛格丽塔鸡尾酒，如果你询问10位居民，就会得到10个不同的答案。所以你可能需要亲自品尝过不少地方后才能作出自己的决定。同样的，圣菲人也把他们的茶和咖啡非常当一回事，这里仍继续营业的咖啡馆最清楚圣菲人喜爱什么样的口味。

**The Teahouse** 咖啡馆

（☎505-992-0972；www.teahousesantafe.com；821 Canyon Rd；⌚9:00~21:00；📶）这家宽敞、休闲的室内兼室外咖啡馆位于Canyon Rd路的东端，在逛画廊时这里是最为理想的歇脚点。这里有160种来自全世界各地的茶叶——配司康饼——还有完整的菜单（主菜$11~16），带鸡蛋的早午餐、帕尼尼三明治和沙拉。

**Evangelo's** 酒吧

（200 W San Francisco St；⌚周一至周六 正午至次日1:30，周日 正午至午夜）这个轻松、吵闹、只接受现金的小店由Klonis一家于1971年建立（和店主兼酒保尼克聊聊他父亲那不同寻常的名声），这里欢迎所有人前来。直接过来，带上点20世纪60年代的"美国乡村腔"，点上一杯生啤——这里是逃离广场文化的理想之处。Live Goth及其他乐队会在楼下那家名副其实的Underground演出。

**Bell Tower Bar** 酒吧

（100 E San Francisco St；⌚5月至10月 周一至周四 15:00至日落，周五至周日 14:00至日落，11月至次年4月 关闭）夏季时，这家位于La Fonda酒店楼顶的酒吧是欣赏独一无二的新墨西哥州日落的最佳地点，一边还可以啜饮一杯迷人的玛格丽塔鸡尾酒。天黑之后，可以回到酒店大堂的Fiesta Bar酒吧欣赏现场乡村或民谣音乐。

## ☆ 娱乐

### 表演艺术

7、8月间，来自全世界各个光鲜城市的人们都会前来圣菲欣赏歌剧、室内音乐、表演及视觉艺术。歌剧或许是这里的“明星”，但其实届时每周都会有符合各种人口味的其他节目上演。无比详尽的活动日历（www.santafe.com/calendar）可以成为你最好的新朋友。

**圣菲歌剧院** 歌剧

（Santa Fe Opera；☎505-986-5900；www.santafeopera.org；Hwy 84/285, Tesuque；门票$32~254，后台游览 成人/儿童 $5/免费；⊙6月至8月，后台游览 周一至周五 9:00）许多游客涌入圣菲只为了歌剧而来，这个剧院是一处奇迹，拥有砂岩荒野的360度全景，尽赏日落月升，舞台中央则由世上最杰出的天才们来呈现他们的盛大杰作。不过，这里仍旧是狂野西部，你甚至可以穿着牛仔裤。有穿梭巴士往来于这里与圣菲和阿尔伯克基之间，可在线预订。

**Lensic表演艺术中心** 表演艺术

（Lensic Performing Arts Center；☎505-988-7050；www.lensic.com；211 W San Francisco St）这个剧场是一处经过华丽修复的1930年

### 圣菲画廊游

最初这里只是普韦布洛印第安人的一条小路，之后成了一条穿过西班牙农业社区的主街道，作为圣菲最著名的艺术大道，峡谷路（Canyon Road；www.canyonroadarts.com）自20世纪20年代开始变身成如今的模样，在这里，由Los Cinco Pintores（五位爱上了新墨西哥州地貌的画家）带领的艺术家们因为租金便宜而纷纷搬了过来。

今天的峡谷路是个必到景点，拥有圣菲当地超过300间画廊中的100多家。作为该城生机勃勃的艺术现场的中心，这里从稀少的美洲原住民古董到圣菲流派的杰作以及闪亮的现代作品，都应有尽有。如果画廊游令你有些吃不消，别担心，随意漫步其中就行。

周五的晚上尤其有意思：下午5点开始，画廊纷纷换上亮晶晶的门面。这些场合不仅仅适合社交，你还可以一边吃着奶酪、啜饮着霞多丽或气泡苹果汁，一边和艺术家们闲聊。

以下是我们最喜爱的峡谷路（及周边）的一部分。欲了解更多，取用一份便利、免费的《收藏者指南》（*Collector's Guide*）地图，或是登录www.santafegalleries.net查看。其他的画廊则集中在Railyard区周边，以及广场北部的Lincoln Ave大道一带。

**LoneDog NoiseCat**（☎505-412-1797；www.lonedognoisecat.com；241 Delgado St；⊙10:00~16:00）对于头一次来的游客而言，这里正是他们希望在峡谷路看见的那种画廊。这里展现了一种煽动人心、给人以刺激的当代美洲原住民（或“土著”）艺术，避开了对抗现代世界之现实的那些陈词滥调，由艺术家Ed Archie NoiseCat及Todd LoneDog Bordeaux策划——迄今为止，只有少数画廊能做到这种程度。

**Adobe Gallery**（☎505-955-0550；www.adobegallery.com；221 Canyon Rd；⊙周一至周六10:00~17:00）这家画廊专营精美的20世纪陶瓷作品，这些作品来自普韦布洛陶瓷复兴运动，这里还出售由西南部的印第安工匠们制作的毯子、象征克奇纳神（kachina）的小木偶和其他手工艺品。

**Economos/Hampton Galleries**（☎505-982-6347；500 Canyon Rd；⊙周一至周五10:00~17:00）就连博物馆也会来这里购买最好的古代美洲原住民艺术品、前哥伦布时期的墨西哥作品以及更多其他物品，所有这些都被满满当当地塞入了两层巨大的散发着历史气息的楼内。

**GF Contemporary**（☎505-983-3707；www.gfcontemporary.com；707 Canyon Rd；⊙10:00~17:00）这里的现代绘画和雕塑作品不拘一格，布展有序，仅有小部分作品与西南部有明显的联系。

纳瓦霍孩子，盖洛普

的电影院，播放巡演作品和经典电影，还有7个不同的表演团队在此演出，包括圣菲交响乐团和合唱团。

## 现场音乐和舞蹈俱乐部

圣菲的许多酒店酒吧都会在一周中的一个或更多夜晚提供现场音乐。可以查看《圣菲记者报》(*Santa Fe Reporter*)和周五的《新墨西哥人》(*New Mexican*)获取近期演出的详尽信息——这里的俱乐部变化比季节变换还要快。

**El Farol** 晚餐表演

(☎505-983-9912; www.elfarolsf.com; 808 Canyon Rd; 晚餐表演 $25; ⊙周一至周六 11:00至午夜，周日 11:00~23:00)除了每周的弗拉明戈晚餐表演秀外，这个受欢迎的餐馆兼酒吧每晚还会推出现场娱乐节目，包括固定的拉丁灵魂音乐表演。

**Warehouse 21** 现场音乐

(☎505-989-4423; www.warehouse21.org; 1614 Paseo de Peralta)这个适合所有年龄段游客的俱乐部和艺术中心位于Railyard区一个3500平方英尺的仓库内，对于非主流的当地乐队来说，是不提供酒精饮料的完美场地，这里还有相当数量的全国知名活动，也可以来这里卖弄一番最新的多色发型。

## 购物

除了在广场大门下艺术家们直接出售的美洲原住民首饰外，圣菲还有足够多的店铺让你流连数周来闲逛和购买。许多地方既是画廊也是店铺。出售的商品以艺术品为主，从珠宝首饰到狂放的当代画作应有尽有。

**Seret & Sons** 手工艺品

(☎505-988-9151; www.seretandsons.com; 224 Galisteo St)这个艺术和雕塑品购物中心会让你感觉踏入了一个阿拉伯市集，到处都是华丽的阿富汗地毯、藏式家具、巨大的石象和坚实的柚木门。想要把这些宝贝带回家，说起来可比做起来容易得多，不过即使只是随便看看也很有意思。

**圣菲农夫市场** 市场

（Santa Fe Farmers Market；☎505-983-4098；www.santafefarmersmarket.com；Paseo de Peralta & Guadalupe St；⏲周六 8:00~13:00，5月至11月 周二也开放；👪）这个宽敞的室内兼室外市场出售的许多当地产品都是传家宝和有机产品，此外还有好吃不贵的自制食品、天然身体用品和工艺品。

## ℹ 实用信息

**新墨西哥州游客信息中心**（New Mexico Visitor Information Center；☎505-827-7336；www.newmexico.org；491 Old Santa Fe Trail；⏲周一至周五 8:00~17:00，周六及周日 8:00~16:00）这个友好的信息中心位于历史悠久的建于1878年的拉米大楼（Lamy Building）内，提供有用的建议——以及免费咖啡。

**公共土地信息中心**（Public Lands Information Center；☎505-954-2002；www.publiclands.org；301 Dinosaur Trail；⏲周一至周五 8:30~16:00）这个办公室的员工可以提供整个新墨西哥州的地图和与公共土地相关的信息，超级有用，他们还可以和你讨论徒步路线的选择。

**Santa Fe CVB**（☎505-955-6200；www.santafe.org；201 W Marcy St；⏲周一至周五 8:00~17:00）这间实体办公室位于斯威尼会展中心内（Sweeny Convention Center），这里提供的多数信息都能在网上找到。

# 盖洛普（Gallup）

新墨西哥州母亲之路的母亲镇似乎被困于时间长河之中。这里建于1881年，当时铁路刚刚经过此地，盖洛普的黄金时代是20世纪50年代，这里许多荒废的汽车旅馆、典当铺和广告牌自艾森豪威尔（Eisenhower）当政以来就几乎没有动过。

就在纳瓦霍人（Navajo）保护区之外，现代的盖洛普混合了盎格鲁和美洲原住民风格，颇为有趣。游客主要是66号公路旅行者们和那些对美洲原住民历史感兴趣的人们。即使是考虑到游客的数量，这里也不算拥挤，一到晚上则变得相当安静。

盖洛普已经开始利用起其户外的吸引力，越来越多的攀岩和山地自行车爱好者们前来此地周边的砂岩孤山和红色的方山顶挑战身体极限。

## 👁 景点

从6月底到9月初，当地的美洲原住民每晚7点都会在麦金利县法院（McKinley County Courthouse，231 W Coal Ave大道）表演社交性的印第安舞蹈。

**历史街区** 街区

66号公路——"美国的主道"——从盖洛普历史街区的中心地带直穿而过，两旁是漂亮的经过翻修的浅红色砂岩建筑，里面是一些出售俗气纪念品的商店和出售美洲原住民艺术品及手工艺品的画廊。游客中心会提供一份小册子，上面详细地列明了大约20栋引人注目的建筑，全都沿着1st St街、2nd St街和3rd St街而建，建筑年份在1895年至1938年之间。其中包括小小的雷克斯博物馆（Rex Museum；☎505-863-1363；300 W Rte 66；捐赠入场；⏲周一至周五 8:30~15:30），前身为一家酒店，展出历史文物。

**El Morro Theatre** 剧院

（☎505-726-0050；www.elmorrotheatre.com；207 W Coal Ave）盖洛普市中心的核心部分就是这个精心修复的西班牙殖民地式剧院，于1928年开张。除了现场戏剧表演、音乐和舞蹈之外，这里还播放电影和儿童节目。

**盖洛普文化中心** 文化建筑

（Gallup Cultural Center；www.southwestindian.com；218 E Rte 66；⏲8:00~17:00）这个文化中心拥有一个不错的印第安艺术小博物馆，里面收藏着上好的象征克奇纳神的小木偶，新旧都有，此外还有陶器、沙画和纺织品。这里有一个10英尺高的铜质纳瓦霍密码语者雕像，用以纪念第二次世界大战时纳瓦霍人所作出的牺牲。一个极小的剧场会播放关于Chaco和Four Corners地区的影片。夏日每晚7点都会有传统的舞蹈表演。

## 活动

### 步行游览盖洛普壁画 步行

见31页。

### 红岩公园 户外

（Red Rock Park；☎505-722-3839；⌚公园24小时，博物馆 周一至周五 8:00~16:00）盖洛普正在转型成为户外城镇，那些想要在自行车路线上迷失自己的人们可以在这里找到他们想要的。徒步爱好者们应该向东6英里来到这个美丽的公园，此处有一个小博物馆和贸易站，出售现代和传统的印第安工艺品，还有一个露营地和一些徒步路线。来回3英里长的金字塔岩（Pyramid Rock）路线会经过惊人的岩层，天气晴好时，从高达7487英尺的山顶可以眺望到50英里以外的风景。

## 住宿

连锁和独立汽车旅馆集中在40号州际公路旁，位于盖洛普的边缘地带。城内20世纪50年代的汽车旅馆之中仅有少数仍然营业，而其中的大多数都不太可靠。在举办部落仪式的那一周和其他大型活动时房价会翻番。

### 红岩公园露营地 露营地 $

（Red Rock Park Campground；☎505-722-3839；Churchrock, off Hwy 66；帐篷/房车点 $17/20；🐾）在这个美丽的背景里支起帐篷吧，你可以轻松开启无数条徒步路线。位于城东6英里处，有淋浴设施、冲水马桶、可饮用水和一个杂货店。

### El Rancho 历史酒店 $$

（☎505-863-9311；www.elranchohotel.com；1000 E Hwy 66；房间 $102起；P❄📶🏊）盖洛普最好的历史酒店于1937年开业，有一个貌似乡村狩猎小屋的华丽大堂，很快就作为“电影明星们的家”而声名远播。房间宽敞而明亮，以不拘一格的古老西部时尚风格来装饰，并以曾在此居住过的客人们来命名，如亨弗莱·鲍嘉（Humphrey Bogart）和约翰·韦恩（John Wayne）。这里还有一家不错的餐厅和酒吧，此外有一个侧翼为更为便宜的现代汽车旅馆。

## 餐饮

盖洛普的许多餐厅都不提供酒精饮料，若是晚餐想喝啤酒的话可要谨慎作出选择。

### Coffee House 咖啡馆 $

（☎505-726-0291；203 W Coal Ave；主菜 $4~10；⌚周一至周六 7:00~20:30）墙上挂满了当地艺术品，整个空间内弥漫着简单休闲的气氛，这里是盖洛普最典型的咖啡馆。这里的汤、三明治、点心都很不错。

### Genaro's Cafe 墨西哥菜 $

（☎505-863-6761；www.genarosrestaurant.com；600 W Hill Ave；主菜 $7~15；⌚周二至周六 10:30~19:30）这个醒目的墨西哥餐馆距离66号公路3个街区，供应大份食物，但不提供酒精饮料。如果你喜欢吃热辣的食品，这里会让你感觉宾至如归，就如盖洛普其他地方一样——可能会相当拥挤。

### El Rancho Restaurant 美国菜 $$

（☎505-863-9311；1000 E Hwy 66；早餐和午餐 $6~14，晚餐 $9~24；⌚6:30~22:00；👪）这个西部风格的餐馆供应上好的牛排、汉堡和沙拉。菜肴以电影明星的名字命名，在一份年代无疑早于女权主义运动的菜单上，像露西尔·鲍尔（Lucille Ball）这样的“女主角们”的名字被用于水果和农家奶酪，而男孩子们则“负责”大块牛肉。相连的49ers Lounge以古老西部作为背景风格，提供饮品，每月有一次现场音乐表演。

### Earl's Family Restaurant 美式小餐馆 $$

（☎505-863-4201；1400 E Hwy 66；主菜 $8~17；⌚周一至周六 6:00~21:00，周日 7:00~21:00；👪）这个餐馆的名字一目了然——Earl's是带孩子来用餐的好地方。这里像是个简易的快餐店，从20世纪40年代开始就供应不错的绿辣椒和炸鸡（不过没有酒精饮料），周末时总是人满为患。你甚至可以在这里买些东西：纳瓦霍小贩们会向过往的游客们兜售商品。

## 购物

盖洛普是纳瓦霍人和祖尼人（Zuni）的主要贸易中心，可能也算得上是在新墨西哥州以合理的价格购买高品质商品的最佳地方。许多贸易站都坐落在市中心历史区域。

**Ellis Tanner Trading Company** 工艺品

（☎505-863-4434；www.etanner.com；1980 Hwy 602；⏲周一至周六 8:00~19:00）就在城南去往祖尼人聚居地的路上，这个已经营多年的老店由一位已经是第四代传人的商人所管理，出售从地毯首饰到五金和杂货的所有东西。记得查看一下当铺。

## 实用信息

**盖洛普游客信息中心**（Gallup Visitor Information Center；☎505-727-4440；www.gallupnm.org；201 E Rte 66；⏲周一至周五 8:30~17:00）拿上一份每年更新一次的全彩色的盖洛普游客指南。

# 亚利桑那州

亚利桑那州天生就适合公路旅行。没错，这个州拥有极其精彩的景致——纪念碑谷（Monument Valley）、大峡谷（Grand Canyon）、教堂岩（Cathedral Rock），这些标志景点与其他地点之间的沿途风景为这一次旅途带来了活力与关联感。想要感受家庭般的温暖，就跟随66号公路去弗拉格斯塔夫（Flagstaff）。想要了解亚利桑那州矿业巨头的意志，就不畏曲折穿过崎岖的杰罗姆（Jerome）。随着你驾车经过山顶台地，一路上可见霍皮人（Hopi）村庄，还能见到一些村民，这些村庄的历史可追溯至千年以前，美洲原住民的历史如画卷般在你眼前展开。

关于热点问题的争议——移民、同性恋权利——最近已成为头条新闻，不过可能最好还是把这些立法问题留给政治家们，这些都只不过是过眼云烟。大峡谷的壮丽之美、由树形仙人掌点缀的图森（Tucson）沙漠、驼峰山（Camelback Mountain）的日落光辉以及塞多纳（Sedona）的红色岩石……这些才是永恒。

## 石化森林国家公园（Petrified Forest National Park）

石化森林中的"树木"是支离破碎的石化木头，四散于一片半荒漠化的草原之上，覆盖区域很广。听上去很没意思是吗？事实并非如此！首先，其中许多都是巨石——直径可达6英尺——至少有一块巨石跨越了一处沟壑而形成了一座天然石桥。其次，它们在近距离时看起来非常美，木头的横截面呈现出一种荒诞的图案，闪烁着缥缈的粉色、蓝色和绿色。最后，它们非常古老，有着2.25亿年的历史，与最早一批的恐龙生活在同一个时代，自三叠纪晚期就存在于此了。

这些树最初被洪水挟裹至此，在自然分解之前就被含有大量硅土的火山灰所覆盖掩埋。地下水不断溶解着硅土，将其由木材之中携带而过，并结晶为固体，闪闪发亮的石英与铁、碳、锰以及其他矿物质混合在一起。地壳隆起和侵蚀最终将这些木材暴露于地表。在泰迪·罗斯福（Teddy Roosevelt）于1906年宣布此片石化森林为一处国家历史遗址之前（1962年这里成为一个国家公园），热爱搜集纪念品的人们已经从此地窃取了数千吨的木化石。今天，若是捡拾化石则会被处以罚金，甚至会面临监禁。

除了这些木头之外，公园还包括美洲原住民的废墟和岩刻，以及一片尤为壮观的彩色沙漠（Painted Desert），就位于40号州际公路的北面。**石化森林国家公园**（☎928-524-6228；www.nps.gov/pefo；车辆/走路、自行车和摩托车 $10/5；⏲观光游6月和7月 7:00~20:00，8月至次年5月 开放时间更短）跨越40号州际公路两旁，北面的入口位于311号出口，南面入口在180号公路旁。两个入口之间有一条长28英里的Park Rd路，风景优美。不想走回头路的话，西行的旅行者应从北面入园，而东行的则应从南部开始游览。

靠近北入口的**彩色沙漠游客中心**（Painted Desert Visitor Center；⏲8:00~17:00）以及靠近南入口的**彩虹森林博物馆**（Rainbow Forest Museum；⏲8:00~19:00）会定时播放一段演示木材如何被石化的录像。二者都有书店、公园展览和由看林人发放的免费地图和信息小册子。

就在40号州际公路的北面有一个**66**

号公路说明标记（Route 66 interpretative marker），你可以在这里看见整条母亲之路的地图。继续往北，就能拥有一览无余的彩色沙漠景致，大自然在这里打翻了调色板，美景令人过目难忘，尤其是日落时分。最魅惑人心的景色可以在Painted Desert Inn（门票免费；⏲全年 9:00~17:00）免费后面的Kachina Point看到，Painted Desert Inn是一个由老式土砖房改建而成的博物馆，里面满是令人印象深刻的霍皮族壁画。

Kachina Point也是野外徒步和露营的起点。这里的徒步路径比较荒野，没有水源或食物，所以做好准备再来。隔夜露营需要先在游客中心取得一个免费的许可证。

公园内没有住宿可以提供，食物也仅限于游客中心提供的小食。最近的住宿地位于霍尔布鲁克。

## 霍尔布鲁克（Holbrook）及周边

19世纪80年代霍尔布鲁克可能算得上是古老西部最邪恶的城镇之一（"对女人和教会来说，环境都过于艰苦"），但如今这里有着大量出售岩石的店铺和加油站，并以作为拥有怪异的Wigwam汽车旅馆的66号公路城镇而闻名。这里也是前去探访石化森林国家公园及其石化木头的便利大本营。

在霍尔布鲁克以东，66号公路与40号州际公路并行了70英里，在经过Lupton后进入新墨西哥州。这段单调路途中的唯一亮点就是在石化森林国家公园内穿过彩色沙漠。

霍尔布鲁克最有趣的景点就是位于66号公路的Wigwam汽车旅馆（☎928-524-3048；www.galerie-kokopelli.com/wigwam；811 W Hopi Dr；房间 $56~62；❄），这里的每个房间都是独一无二的混凝土圆锥形帐篷。房间内配有还原的20世纪50年代的山核桃原木家具以及复古式电视。住在这里是件有意思的事情，还可以拍些照片。建于1898年的乡村法院如今是霍尔布鲁克商会和游客中心的所在地，纳瓦霍县历史博物馆（Navajo County Historical Museum；☎928-524-6558；100 E Arizona St；欢迎捐赠；⏲周一至周五 8:00~17:00，周六及周日 8:00~16:00）也在这里，博物馆有各种不拘一格的当地历史物品展览，包括一座令人毛骨悚然的老监狱。如果你想要买木头化石或其他岩石和矿石，可以去Jim Gray's Petrified Wood Co（☎928-524-1842；www.petrifiedwoodco.com；77号公路和180号公路的交叉路口；⏲7:00~19:00）看看，其位置在城南1英里一处延伸地块上。连锁酒店位于Navajo Blvd大街的北端一带。位于同一片区域的还有Mesa Italiana（☎928-524-6696；2318 E Navajo Blvd；主菜 $12~19；⏲周一至周五 11:00~14:00，每天 16:00~21:00）——一家忙碌的意大利餐馆，供应意大利面和比萨饼。

## 温斯洛（Winslow）

### 景点和活动

**霍莫罗维州立公园** 公园

（☎928-289-4106；http://azstateparks.com；每辆车 $7；⏲游客中心 8:00~17:00）这个绿地公园紧挨着小科罗拉多河（Little Colorado River），曾于2010年州政府预算危机时被关闭，2011年又重新开放，并重新承诺保护这块神圣的霍皮人世代家园上的工艺品和建筑。这个地区在1993年被划定为公园之前，胆大包天的盗贼曾使用挖土机来搬运工艺品。今天，短程徒步可以通向岩刻和已部分挖掘的古代美洲原住民遗址。

公园位于温斯洛东北3英里处，可以通过87号公路到达（257号出口）。

### 食宿

温斯洛是拜访霍皮人保护区（Hopi Reservation）的一处便利的基地，保护区位于温斯洛东北60英里处。40号州际公路的253出口处有大量连锁酒店。

**霍莫罗维州立公园露营地** 露营 $

（☎520-586-2283；http://azstateparks.com；帐篷和房车点 $15~25）这里是一个带日用电器、水及淋浴设施的露营地，靠近霍莫罗维废墟。可以在线或者通过电话预订。

**La Posada** 历史酒店 $$

（☎928-289-4366；www.laposada.org；303 E 2nd St；房间 $139~169；❄📶🐾）一处经过修复后令人印象深刻的1930年大庄园，

由备受推崇的明星建筑师玛丽·简·科尔特（Mary Jane Colter）所设计，这里是圣菲铁路（Santa Fe Railroad）沿线最后一座为弗雷德·哈维公司（Fred Harvey Company）所建的铁路酒店。精美的瓷砖、玻璃和锡制作的枝形吊灯、纳瓦霍地毯和其他一些细节都印证着其富丽堂皇的西部优雅风格。

令人惊讶的是，这里和蒂娜·缪恩（Tina Mion）那引人注目的油画相得益彰——她是3位拥有遗产保护思想的艺术家之一，在1997年时买下了这个破败的地方。具有时代风格的房间以声名显赫的访客的名字命名，包括阿尔伯特·爱因斯坦（Albert Einstein）、贾利·古柏（Gary Cooper）和黛安·基顿（Diane Keaton）。宠物费为每次入住$10。

**Turquoise Room** 南方菜 $$$

（www.theturquoiseroom.net; La Posada; 早餐 $8~12, 午餐 $10~13, 晚餐 $19~42; ⏲7:00~16:00和17:00~21:00）即使你不打算住在La Posada，也可以在弗拉格斯塔夫和阿尔伯克基之间这家独一无二的最佳餐厅好好犒赏自己一顿。这里的菜肴有一种新式西南部的时髦风味，餐垫是手绘的艺术作品，还有一份儿童菜单。如果炒南瓜花算是前菜的话，就感谢自己的好运气，快点一份吧。

### ℹ 实用信息

**游客中心**（☎928-289-2434; www.winslow-arizona.org; 523 W 2nd St; ⏲周一至周五 9:00~17:00，周六 9:00~15:00）位于近期经过翻修的Lorenzo Hubbell Trading Post内。

## 沃尔纳特峡谷国家保护区（Walnut Canyon National Monument）

沃尔纳特峡谷（Walnut Canyon; ☎928-526-3367; www.nps.gov/waca; 7日门票 成人/儿童 $5/免费; ⏲5月中旬至10月 8:00~17:00, 11月至次年5月中旬 9:00~17:00）的西纳瓜人（Sinagua）悬崖民居坐落在一处小小的石灰岩孤峰那近乎垂直的峭壁之上，四周是森林密布的峡谷。1英里长的**Island小径**陡降185英尺（超过200级台阶），途经25栋建于这座曲线优美的孤峰天然屏障之下的房屋。另一条更短的、可供轮椅进出的**Rim小径**拥有几处悬崖民居的观景点。即使你对西纳瓜人并不那么感兴趣——他们在约700年前弃用了这个地方——沃尔纳特峡谷本身也是一处值得一游的美景，距离弗拉格斯塔夫不远。

## 弗拉格斯塔夫（Flagstaff）

弗拉格斯塔夫懒散悠闲的魅力之处数不胜数：无论是林立着不拘一格的本地建筑和老式霓虹灯的历史悠久的平庸市中心，还是如滑雪和徒步这样的高空运动。在这里，卖艺的人们在街角演奏着蓝草音乐，自行车文化盛行。当地人快活而热爱运动，倾向于健康养生而非暴力。北亚利桑那大学（Northern Arizona University，简称NAU）为弗拉格斯塔夫带来了大学城的气氛，而其铁路历史仍然毫不动摇地存在于本城的身份象征之中。让自己沉浸在对生啤、现磨咖啡豆的喜爱和一整年的好天气中吧，这里还拥有一个完美的户外城镇所应有的一切。

从东面进入弗拉格斯塔夫时，40号州际公路与老66号公路齐头并进。它们在Enterprise Rd路分道扬镳：40号州际公路拐向西南，而老66号公路则向西北弯行，与铁轨相交，成为经过城中心历史街区的主要街道。北亚利桑那大学校区位于城中心和40号州际公路之间。17号州际公路由城中心往南行，方向是菲尼克斯（Phoenix），之后又分开成为89A公路（也被称作Alt 89）——这是一条经过橡木溪峡谷（Oak Creek Canyon）去往塞多纳（Sedona）的景色壮丽的风光公路。180号公路是西北面通往图萨扬（Tusayan）和南缘（South Rim，80英里）的最主要道路，而89号公路直直地向北去往卡梅隆（Cameron，59英里），在那里和64号公路交汇，后者向西通向大峡谷的东面入口。

### 景点

弗拉格斯塔夫很难不让人动心，这里集人文遗址、城中心历史街区和户外活动的便利位置于一身。

**北亚利桑那州博物馆** 博物馆

（Museum of Northern Arizona; ☎928-

# Central Flagstaff 弗拉格斯塔夫中心

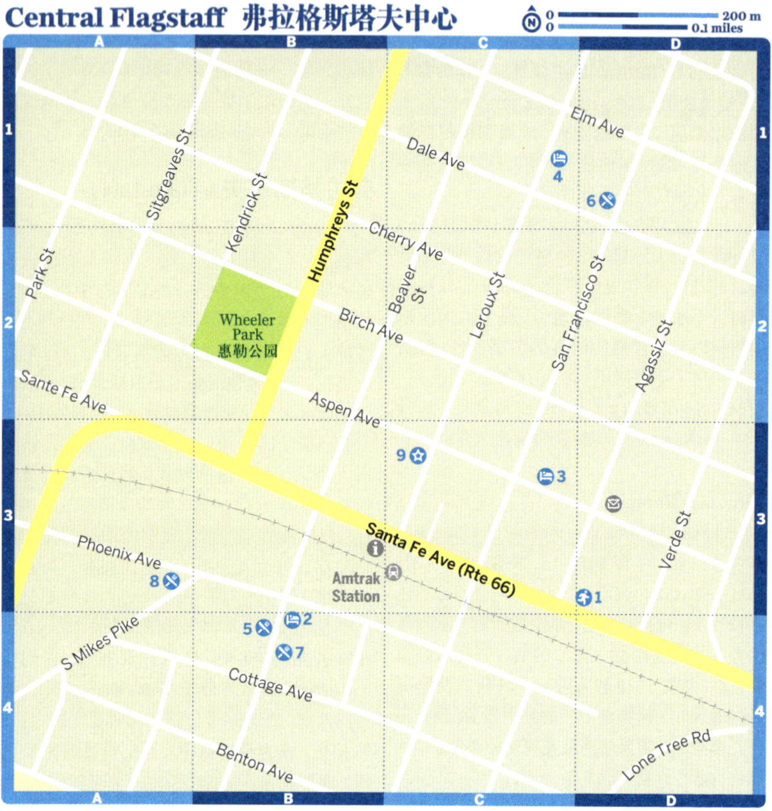




## Central Flagstaff 弗拉格斯塔夫中心

**活动、课程和团队游**

1 Absolute Bikes ........ D3

**住宿**

2 Dubeau Hostel ........ B4
3 Hotel Monte Vista ........ C3
4 Inn at 410 ........ C1

**就餐**

5 Beaver Street Brewery ........ B4
6 Brix ........ D1
7 Pizzicletta ........ A3
8 Macy's ........ B4

**娱乐**

9 Charly's Pub & Grill ........ C3

774-5213；www.musnaz.org；3101 N Fort Valley Rd；成人/10~17岁的儿童/老年人 $10/6/9；周一至周六 10:00~17:00，周日 正午至17:00）在冒险穿越科罗拉多高原（Colorado Plateau）之前，先来这个小而精的博物馆了解一下本地情况，这里的亮点是当地美洲原住民的古文物、历史及文化，同时还有地质学、生物学和艺术。别错过霍皮族克奇纳神小木偶（kachina，也拼作katsina）的丰富收藏，以及各种绝妙的美洲原住民的编织筐和陶器。

**赖尔登大厦州立历史公园（Riordan Mansion State Historic Park）** 古迹

见34页。

**Lowell Observatory** 天文台

（主线 928-774-3358，录音信息 928-

233-3211; www.lowell.edu; 1400 W Mars Hill Rd; 成人/5~17岁的儿童 $12/6; ⏲6月至8月 9:00~22:00, 9月至次年5月 开放时间更短)就坐落在城中心以西的一座小山顶上，这个国家历史地标由帕西瓦尔·罗威尔(Percival Lowell)于1894年建成。1930年时，正是在这里，人类首次观测到了冥王星。如果天气允许的话，游客可以通过现场的天文望远镜观星，包括著名的克拉克望远镜(Clark Telescope, 2015年中时停止开放以供维护)。这个1896年的望远镜是现在被普遍接受的宇宙膨胀理论背后的推动力。

铺设好的冥王星步道(Pluto Walk)在一个和太阳系成比例的模型里爬上爬下。夜间项目包括播放一段关于7层楼高的新探索频道望远镜(Discovery Channel Telescope)如何建成的录像，该望远镜位于弗拉格斯塔夫东南40英里处。

## 活动

不计其数的**徒步及山地自行车小径**位于弗拉格斯塔夫城内以及周边，很方便就能到达。超过50英里的小径在城里交错，是**弗拉格斯塔夫城市小径系统**(Flagstaff Urban Trail System, 简称FUTS; www.flagstaff.az.gov)的一部分，小径地图可以在线或在游客中心获取。

可以去**美国林业局弗拉格斯塔夫护林站**(USFS Flagstaff Ranger Station; ☎928-526-0866; 5075 N Hwy 89; ⏲周一至周五 8:00~16:00)咨询关于国家森林内以及周边的小径信息，或者登录www.fs.fed.us查看。攀登9299英尺高的**Mt Elden**的3英里长的徒步路径(单程)，可以到达一个位于山顶高塔顶部的观景点。如果你到达时它是锁住的，敲敲门看看，若是有人在，或许你会被准许爬上台阶去到观景点。

想要获取当地山地自行车骑行的第一手信息，拜访一下**Absolute Bikes**(☎928-779-5969; www.absolutebikes.net; 202 E Rte 66; 租自行车 每天 $39起; ⏲4月至12月 周一至周五 9:00~19:00, 周六 9:00~18:00, 周日 10:00~16:00, 1月至3月 开放时间更短)那些超级友善的发烧友们。

### Arizona Snowbowl 滑雪

(☎928-779-1951; www.arizonasnowbowl.com; 9300 N Snowbowl Rd, Hwy 180 & Snowbowl Rd; 缆车票 成人/13~18岁的青少年/8~12岁的儿童 $59/55/35; ⏲12月中至次年4月中 9:00~16:00)这里位于城中心以北约14英里处，规模不大但很高级，拥有4辆缆车、32条滑雪道，长度在9200英尺到11,500英尺之间。

Arizona Snowbowl提供几条小径，包括艰苦的单程4.5英里的徒步路线，也可以攀登12,633英尺高的**Humphreys Peak**，这里是亚利桑那州的最高点。穿双合适的鞋子，因为小径的某些路段需要通过易碎的火山石。夏季的时候，在Arizona Snowbowln搭乘**chairlift**(www.arizonasnowbowl.com; 成人/8~12岁的儿童 $15/10; ⏲5月末至10月中 周五至周日 10:00~16:00)到达11,500英尺处，你可以从这里开始徒步、参加护林员会谈并欣赏沙漠和山区美景。8岁以下的儿童可以免费搭乘。

### Flagstaff Nordic Center 滑雪

(☎928-220-0550; www.flagstaffnordiccenter.com; Mile Marker 232, Hwy 180; 周末/工作日 $18/12起; ⏲12月至次年3月 9:00~16:00)在弗拉格斯塔夫以北15英里处的Nordic Center提供修整过的25英里长的小径，可以进行越野滑雪，这里也提供滑雪教程并出租设备(如雪鞋)。多用途小径可供滑雪者使用。在靠近Nordic Center的180号公路旁就可以滑雪穿过林业局的土地——无须许可证。询问一下护林站在防火路上哪里可以停车。

## 住宿

如果你想在弗拉格斯塔夫的自酿酒吧和顶级餐厅用餐之后走路回家，那就选一个市中心的酒店。若你只是想在去大峡谷之前找个地方栽倒睡一觉，连锁汽车旅馆和酒店位于S Milton Rd路、Beulah Blvd大街和W Forest Meadows St街沿线一带，集中在40号州际公路195号出口附近。

许多毫无特征、低品质的独立汽车旅馆位于老66号公路以及市中心东面的铁路轨道

（40号州际公路198号出口）沿线。付费之前先查看一下房间——其中的一些相比其他房间要差很多。想要省钱的话，最好从市中心的青年旅舍或历史酒店之中作出选择。

不像亚利桑那州南部，这里的旺季是夏天。

弗拉格斯塔夫周边的国家森林允许免费的分散式露营。橡木溪峡谷的美国林业局（USFS）露营地位于城南15至30英里处。



**Woody Mountain Campground** 露营地 $

（☎928-774-7727, 800-732-7986; www.woodymountaincampground.com; 2727 W Rte 66; 帐篷/房车点 $20/31; ⏲4月至10月; @📶🐾）在松树下稍作休憩，玩玩马蹄铁游戏，并在投币式洗衣房清洗一下徒步服装。这里位于40号州际公路的191号出口。

**Flagstaff KOA** 露营地 $

（☎928-526-9926, 800-562-3524; www.flagstaffkoa.com; 5803 N Hwy 89; 帐篷点 $26~34，房车点 $34~68，小屋 $65，圆锥形帐篷 $55; ⏲全年; 📶🐾）这个很大的露营地位于40号州际公路201号出口往北1英里处，距离市中心东北5英里。从露营地出发有一条小路通向Mt Elden的徒步小径。这里适合家庭居住，有香蕉式自行车出租，还有迷你高尔夫和一个水上公园。

**Dubeau Hostel** 青年旅舍 $

（☎928-774-6731; www.grandcanyon-hostel.com; 19 W Phoenix St; 铺 $24，房间 $60~68; P❄@📶）和其姐妹机构大峡谷国际青年旅舍（Grand Canyon International Hostel）一样，这个独立青年旅舍也提供友善的服务和干净、经营良好的住宿。基本的房间就像普通的酒店房间，带有冰箱和淋浴卫生间，但价格仅为一半。房费包含早餐。

**Budget Inn Flagstaff** 汽车旅馆 $

（☎928-774-5038; www.budgetinnflagstaff.com; 913 S Milton Rd; 房间 $96; P❄📶）乏味的名字、乏善可陈的外表，但令人不禁发出惊叹声。推开门，这个二层楼高的汽车旅馆那富有魅力、不再平庸的风格就能给你带来意外惊喜。员工友善，房间配有微波炉和冰箱。旅馆位于市中心和40号州际公路之间S Milton Rd路的正中位置。

**Inn at 410** 民宿 $$

（☎928-774-0088; www.inn410.com; 410 N Leroux St; 房间 $170~220; P❄@📶）这座优雅的建于1894年的房子被全面翻修过，拥有9间宽敞、装饰华丽的主题客房，每一间都带有冰箱和私人浴室。许多房间都有四柱大床，能欣赏到花园景色或圣弗朗西斯科群峰（San Francisco Peaks）。这里从市中心步行即可到达，有一个种有果树的阴凉花园和一个舒适的餐室——全套的美味早餐和下午茶点就在这里供应。

**Hotel Monte Vista** 酒店 $$

（☎928-779-6971; www.hotelmontevista.com; 100 N San Francisco St; 房间 $70~120，套 $130~150; ❄📶）这个据说闹鬼的建于1926年的酒店上方有一个巨大的老式霓虹灯标志，暗示着内部有些什么：皮质的灯罩、复古家具、大胆的配色和不拘一格的装饰。房间以曾在其中居住过的电影明星命名字名，如亨弗莱·鲍嘉（Humphrey Bogart），装饰夸张的黑色墙壁、黄色的天花板和金缎的床品。好几个居住在这里的鬼魂可能会时不时现身一下。Monte Vista的魅力来自其无上的古怪风格，对于那些对这种怪异魅力不感冒较难伺候的旅行者们而言，或许在别处会更为自在。有4个房间使用公用浴室。

## ✕ 就餐

想要购买食品的话，**Bashas'**（☎928-774-3882; www.bashas.com; 2700 S Woodlands Village Blvd; ⏲6:00~23:00）是个不错的当地连锁超市，有较多有机食物可供选择。想要寻找健康食品，试试看新开的**Whole Foods Market**（☎928-774-5747; 320 S Cambridge Lane; ⏲8:00~21:00; ✎）。

**Macy's** 咖啡馆 $

（www.macyscoffee.net; 14 S Beaver St; 主

菜 $8以内；6:00~20:00；）这家弗拉格斯塔夫小有名气的咖啡馆供应自家烘焙的美味咖啡已经逾30个年头了。素食菜单包括许多严格素食的种类，除此之外还有传统的咖啡配食，包括糕点、蒸蛋、华夫饼、酸奶和格兰诺拉麦片（granola）、沙拉和蔬菜三明治。

**Coppa Cafe** 咖啡馆 $$

（928-637-6813；www.coppacafe.net；1300 S Milton Rd；午餐及早午餐 $9~15，晚餐 $21~31；周三及周四 11:00~19:00，周五及周六 11:00~20:00，周日 10:00~16:00）布莱恩·科纳法尔（Brian Konefal）和宝拉·菲奥拉凡提（Paola Fioravanti）是这家引人注目的咖啡馆的夫妻档。这对伉俪相遇于一所意大利厨艺学校，他们制作出一系列诱人的欧式菜肴和甜点，食材均来自当地——有时候，也从附近的森林“搜罗”而来。午餐时可以点沙拉、当季的法式乳蛋饼（quiche）和肉馅土豆馅饼（shepherd's pie），晚饭则可以考虑杜松子炖野猪肉以及白汁意大利通心粉佐鸭蛋。这里的食物可口，装饰风格为乡村小酒馆式，很快你就会忘了自己其实距离繁忙的S Milton Rd路并不太远。

**Pizzicletta** 比萨饼店 $$

（www.pizzicletta.com；203 W Phoenix Ave；比萨饼 $10~15；周二至周日 17:00起）当用木头烤出的比萨饼堆得如山高时——那就是爱情；当人群如同喝了太多酒一般躁动时——那就是爱情；当火车像天空发出的一道闪电一般经过时——那就是爱情。爱情也是小小的Pizzicletta，当薄皮比萨饼配着如芝麻菜和陈年意大利熏火腿这样美味的馅料呈上时，叮叮叮，在Pizzicletta很难不放声歌唱。

**Beaver Street Brewery** 自酿酒吧 $$

（www.beaverstreetbrewery.com；11 S Beaver St；午餐 $8~23，晚餐 $13~23；周日至周四 11:00~23:00，周五及周六 11:00至午夜；）家庭、河流导游、滑雪爱好者和商务人士——每个人不是在这里就是在来这里的路上。菜单上是典型的自酿酒吧食物，有美味的比萨、汉堡和沙拉，通常有8种手工酿造的生啤酒供应，如Railhead Red Ale或R&R Oatmeal Stout，再加上一些当季的酿制啤酒。认真喝酒的人可以去隔壁的21-and-over Brews & Cues玩玩桌球。

**Brix** 美国菜 $$$

（928-213-1021；www.brixflagstaff.com；413 N San Francisco St；主菜 $23~34；周日至周四 17:00~21:00，周五及周六 17:00~22:00）你已经在酒吧里安顿下来了吗？吸一口气，打量一下四周，放轻松。这就是你的假日奖励。Brix为弗拉格斯塔夫的用餐气氛带来了一丝新鲜而含蓄的世故感，同时这里也体现着自在但圆滑的殷勤之道。菜单随着季节变化，像意大利炖野蘑菇饭配松露以及烤牛里脊肉配红洋葱酱这样的菜肴，通常采用新鲜、成熟的本地有机食材。

## 饮品和夜生活

生啤酒粉丝们可以沿着弗拉格斯塔夫—大峡谷麦芽酒小径（Flagstaff-Grand Canyon Ale Trail；www.flagstaffaletrail.com）在市中心的微酿酒厂和一或两个酒吧里品尝一下微酿啤酒。在游客中心或网站上列明的微酿酒厂购买一本小径通行证。

想了解节日和音乐项目细节，可以致电游客中心或登录www.flagstaff365.com查看。夏季的周六晚上，人们铺上毯子，聚集在Heritage Sq广场欣赏音乐和家庭电影（免费）。17:00就开始热闹起来了。

取一本周四出版的免费的*Flagstaff Live!*，或是在www.flaglive.com查看城里正在上演的表演和其他活动。

**Museum Club** 酒吧

（928-526-9434；www.themuseumclub.com；3404 E Rte 66；11:00至次日2:00）这个66号公路的路边酒吧自1936年就开始营业了。里面看上去就像是一个巨大的木屋，你会看见一个大大的木头舞池、动物标本和一个装满琼浆玉液的奢华红木酒吧。店名因何而来？1931年时这里曾是一个动物标本制作博物馆。

KEVIN T. LEVESQUE / GETTY IMAGES ©

Snow Cap免下车餐馆，塞利格曼

**Charly's Pub & Grill** 现场音乐

（☎928-779-1919；www.weatherfordhotel.com；23 N Leroux St；⏰8:00至次日2:00）这个位于Weatherford酒店的餐厅定期上演现场音乐。这里的壁炉和砖墙为流动的蓝调、爵士和乡村音乐现场演出提供了一个舒适宜人的背景。直接上到三楼颇受欢迎的Zane Grey Ballroom，在环绕的阳台上漫步，可以俯瞰整个历史街区。

### ℹ 实用信息

**游客中心**（☎800-842-7293，928-774-9541；www.flagstaffarizona.org；1 E Rte 66；⏰周一至周六 8:00~17:00，周日 9:00~16:00）游客中心位于Amtrak车站内，有一份不错的"发掘弗拉格斯塔夫"（Flagstaff Discovery）地图，还可以为游玩提供无数有用信息。

## 66号公路：威廉斯（Williams）到金曼（Kingman）

在去金曼的路上，66号公路向北呈弧形离开40号州际公路，这是一段长115英里的原始母亲之路，尘土漫天，穿越树丛茂盛而孤寂广袤的土地。在威廉斯，这段短暂的道路被称作Main St街，之后就在快到塞利格曼时与40号州际公路会合。加油站很少，要确保燃料足够。到达金曼的总路程为130英里。

## 塞利格曼（Seligman）

人口 469 / 海拔 5240英尺

这个小镇对待66号公路的相关遗产极为热情，这得感谢Delgadillo兄弟，他们数十年来都是母亲之路最大的"助推器"。胡安（Juan）已于2004年辞世，而年龄已届90多岁的安赫尔（Angel）及妻子薇尔玛（Vilma）仍然经营着**Angel's Barbershop**（☎928-422-3352；www.route66giftshop.com；217 E Rte 66；⏰9:00~17:00）。好吧，他的确不再为人理发，但理发师的椅子仍然保留着，你可以在这里闲逛，寻找一下纪念品并欣赏全世界各地的粉丝寄来的车牌。如果安赫尔在场的话，他通常很乐意用黑色风暴年代的故事来博人一笑。他什么都见识过了。

安赫尔狂妄的兄弟胡安曾一度以恶作剧的方式掌管**Snow Cap免下车餐馆**（☎928-422-3291；301 E Rte 66；主菜 $3.25~6.25；⏰3月中至11月 10:00~18:00），这个66号公路上知名的餐馆如今由他的儿子鲍勃（Bob）及约翰（John）经营。疯狂的装饰只是开胃菜而已。等着亲眼看看以带奶酪的芝士汉堡和"死鸡！"为特色的菜单吧。小心那个假冒的芥末碗……夏季时，他们有时候从9点开始营业。

两家不错的餐厅位于66号公路的路两边，相向而望。想要友善的服务和美国及德国美食，试试看**Westside Lilo's Cafe**（415 W Rte 66；早餐及午餐 $5~14，晚餐 $13~21；⏲6:00~21:00），这里也有一个户外庭院。想要喝啤酒并品尝随便些的食物，那就去街对面的**Roadkill Café & OK Saloon**（502 W Rte 66；早餐 $7~12，午餐及晚餐 $7~22；⏲7:00~21:00），这里有一个自助沙拉吧，供应多汁的牛排和汉堡，当然，还有特色菜"splatter platter"。

**Supai Motel**（☎928-422-4153；www.supaimotel.com；134 W Chino Ave；单/双 $60/72；）拥有热情好客的主人以及城里最棒的霓虹灯招牌，这是一家经典的带院子的汽车旅馆，房间简单却又相当舒适，配有冰箱和微波炉。Havasu瀑布的壁画令人振奋，是开启一日之晨的正确方式。

在塞利格曼之外那穿过起伏的丘陵地带的23英里道路上，找找看红白相间的柏马剃须膏（Burma Shave）的标志。

## 大峡谷洞穴（Grand Canyon Caverns）

### 大峡谷洞穴及客栈

**餐馆**（⏲6月至10月 8:00~18:00，全年剩余时间 开放时间不定）还算不错，如果你已经来到了这里。这里有一个小小的游乐场，餐馆供应简单的美国菜。酒吧在周五和周六的15:00开始营业，22:00停止营业，如果人多可能会关门更晚。这里的**露营地**（帐篷/房车点 $15/30）拥有超过50个露营点，位于从刺柏树林开辟出来的空地上，还有位于高高的平台上新的开放式、不带屋顶的房间（$60起），适合观星者们。**大峡谷客栈**（Caverns Inn；房间 $90；）拥有设施最基本的房间，但维护得很好。大堂里提供Wi-Fi。宠物为每天$5，$50押金可退。

## 皮奇斯普林斯（Peach Springs）到金曼

这段孤独的母亲之路给你提供了一次与火车赛跑的机会，让人蠢蠢欲动，你唯一的朋友就是前方几英里的路面。在经过一眨眼就会错过的两个小镇Truxton和Valentine后，你将到达小小的**哈克贝里**（Hackberry），在这里，66号公路的回忆录作者罗伯特·瓦尔德迈尔（Robert Waldmire）和他深爱的位于装饰古怪的加油站内的**老66号公路游客中心**（Old Route 66 Visitor Center；☎928-769-2605；www.hackberrygeneralstore.com；11255 E Rte 66；⏲通常 8:00~18:00）**免费** 不断吸引着路过的各色人等。这里是享用一杯冰饮的好地方，还可以买上一点纪念品。

# 金曼（Kingman）

对于狂热迷恋66号公路的人来说，金曼是从塞利格曼一直到托波克（Topock）这段最长距离不间断的历史公路上的主要城镇。该镇建于20世纪早期的建筑包括位于5th St街和Spring St街交叉路口的前卫理公会教堂（Methodist church），这里是1939年克拉克·盖博（Clark Gable）和卡洛尔·隆巴德（Carole Lombar）喜结连理之地。本地英雄安迪·迪瓦恩（Andy Devine）在约翰·福特（John Ford）1939年赢得奥斯卡奖项的《关山飞渡》（*Stagecoach*）一片中出演了一位永远稀里糊涂的马车车夫角色，由此在好莱坞获得了一席之地。

现如今，金曼像是从长长的午睡中刚刚苏醒一般。新的小饭馆、酒吧和画廊纷纷在Beale St街开张——这条路是城中心历史街区的主轴，从而为这一带增加了客流量和一丝现代色彩。

66号公路穿城而过时被称作Andy Devine Ave大道，与日渐重要的Beale St街并肩前行。超市、加油站和其他店铺分布在北行的Stockton Hill Rd路两旁，这条路也通往西大峡谷（Grand Canyon West）。

## 景点和活动

### 66号公路博物馆（Route 66 Museum） 博物馆

见36页。

### 莫哈维族历史和艺术博物馆 博物馆

（Mohave Museum of History & Arts；☎928-753-3195；www.mohavemuseum.org；400 W Beale St；成人/老年人/12岁及以下儿童 $4/3/免费；⏲周一至周五 9:00~17:00，周六 13:00~17:00）66号公路博物馆的门票也允

许进入莫哈维族博物馆，拥挤的房间里塞满了不拘一格的东西。各种地区性的主题都有涉及，从采矿小镇到安迪·迪瓦恩都囊括其中。这里还有一整面墙的美国第一夫人油画肖像——都是由同一位艺术家绘制！看看那块石化的闪电石。门票也可以同时在位于Powerhouse的66号公路博物馆使用。

**瓦拉派山丘公园** 公园

（Hualapai Mountain Park；☎928-681-5700；www.mcparks.com；6250 Hualapai Mountain Rd；白天使用 $7）夏天时，当地人会到附近的这座山上野餐、徒步、骑山地自行车，并在凉爽的美国黄松和山杨树树荫下观看野生动物。

## 节日和活动

**Historic Route 66 Fun Run** 汽车秀

（☎928-753-5001；www.azrt66.com；⊙5月）5月的第一个周末，从塞利格曼到托波克的老式汽车公路赛。

## 住宿

金曼拥有大量汽车旅馆，分布在66号公路/Andy Devine Ave大道北部及40号州际公路南面。最廉价的旅馆比较脏，比较受失意者和长期住客的欢迎。付款前先看看房间。

**瓦拉派山丘公园** 露营地 $

（Hualapai Mountain Park；☎928-681-5700，877-757-0915；www.mcparks.com；Hualapai Mountain Rd；帐篷/房车点 $17/30，圆锥形帐篷 $35，小屋 $65~135；🐾）在这个漂亮的乡村公园里，露营地位于花岗岩层和美国黄松之间，在城南大约15英里处。印第安圆锥形帐篷很凉爽，但我们也听说在寒冷的季节里住在里面会很冷。部分小屋拥有厕所和淋浴。帐篷点的分配原则是先到先得，但房车点可以提前预约。宠物按照每天每只收费$2，预订费$5。

**Hualapai Mountain Resort** 度假屋 $

（☎928-757-3545；www.hmresort.net；4525 Hualapai Mountain Rd；房间 $79~99，套$159；🐾）畅想一下——山中之人所拥有的别致生活：矮墩墩的木头家具、野生动物的醒目画作以及一个藏身在高耸的松树林中用来观赏野生动物的前廊。这个度假村宣传说有Wi-Fi，但我们连接不上。自带的餐厅不错，从周三到周日供应早餐、午餐和晚餐。最好选一张靠窗的桌子，兴许可以看见麋鹿。

**Travelodge** 汽车旅馆 $

（☎928-757-1188；www.travelodge.com；3275 E Andy Devine Ave；房间 含早 $61~81；❄📶🏊🐾）低预算的旅行者们，欢呼吧。这个两层楼高的汽车旅馆为你提供了在金曼过夜所需要的一切令人满意的东西：一处靠近66号公路的位置、乐于助人的员工、欧式早餐、房间里的冰箱和微波炉、一个洗衣房和免费的Wi-Fi。宠物费用是每天每只$10。

## 餐饮

**Sirens Cafe** 三明治 $

（www.sirensinkingman.com；419 E Beale St；三明治 $7；⊙周一至周五 10:00~16:00）一对母女经营着这个好客的咖啡馆，供应美味的三明治和意式三明治。甜点很难让人恭维。

**Redneck's Southern Pit BBQ** 烧烤 $$

（www.redneckssouthernpitbbq.com；420 E Beale St；主菜 $5.25~24；⊙周二至周六 11:00~20:00；👪）作为乡下人，我们可以向你保证Beale St街上的这家烧烤铺的猪肉超级美味，不过我们对菜单上出现的"sammiches"（三明治）这个词不太感冒。但是"Big old tater"（土豆）还是不错的。这里还供应肋骨盘。在柜台点餐，然后找个座位坐下。不错的家庭用餐选择。

**Cellar Door** 葡萄酒酒吧

（☎928-753-3885；www.the-cellar-door.com；414 E Beale St；餐前小吃 $8以内；⊙周三及周四 16:00~22:00，周五及周六 16:00至午夜）这家位于市中心的葡萄酒酒吧出售约140种按瓶和30种按杯出售的葡萄酒，还有各种不同的国际啤酒和可口的开胃菜。这个热门的小场所表现出了金曼的复兴精神。

**Beale Street Brews** 咖啡店

（www.bealestreetbrews.net；418 E Beale St；⌚周一至周六 6:00～18:00，周日 6:00～15:00；☎）这家可爱的独立式咖啡店用拿铁咖啡和画廊吸引着咖啡行家们。

## 实用信息

**Powerhouse游客中心**（☎866-427-7866，928-753-6106；www.gokingman.com；120 W Andy Devine Ave；⌚8:00～17:00）提供关于66号公路景点的许多信息。

## 托波克峡谷（Topock Gorge）到奥塔曼（Oatman）

从加利福尼亚州方向过来，66号公路在托波克（Topock）进入亚利桑那州，这里靠近20英里长的托波克峡谷——一处引人注目的峭壁峡谷，是科罗拉多河流域最美的河段之一。这里是哈瓦苏国家野生动物保护区（Havasu National Wildlife Refuge；☎760-326-3853；www.fws.gov/refuge/havasu）的一部分，是候鸟和水鸟的重要栖息地。当你坐在竹筏或独木舟上穿行于峡谷之中时，可以找找苍鹭、野鸭、野鹅、黑鹂和其他种类的飞禽。这里有许多小湾和沙滩，可以野餐和晒晒太阳。出租船具的公司包括**Jerkwater Canoe & Kayak**（☎928-768-7753；www.jerkwatercanoe.com；团队游 $46；⌚太平洋时间7:30发团），他们经营从加利福尼亚州尼德尔斯的Moabi公园出发的一日游服务，地点就位于州界线的西面。团费包含从公园至城堡岩（Castle Rock）17英里长的漂流独木舟租赁费，以及回程的穿梭巴士。

就在这里北面的黄金海岸（Golden Shores），可以给车辆加油并垫垫肚子，之后就要开始一段崎岖的20英里长的路途，到达前金矿小镇奥塔曼，小镇被尖尖的山峰和崎岖的山丘所环绕。1942年起，这里的矿脉就已枯竭，自此，这个小小的定居点就改头换面成了一处电影场景和无怨无悔的狂野西部游客陷阱，舞台上上演的枪战（每天正午、13:30，有时15:30）以及起名为“快枪手范尼的地盘”（Fast Fanny's Place）和“经典臀部”（Classy Ass）的礼品店令这一形象名副其实。提到臀部，大街上四处溜达的倒是不少（不过，这里指的是四条腿的那种），它们还会厚颜无耻地冲你要吃的。你可以在镇上给它们买一些干草块。又蠢又萌的它们是早期矿工们所饲养的驮畜的后代。

这里的奥塔曼酒店（Oatman Hotel）建于1902年，现在是一间餐吧，一楼满是1美金的纸钞（根据酒吧女招待的估计，价值约为$40,000）。在我们调研时，楼上正在装修，不对外开放，本来游客可以一瞥老客房的模样。在奥塔曼之后，在通过西特格里夫斯通道（Sitgreaves Pass，3523英尺）和布拉克山脉（Black Mountains）崎岖的螺旋形山道时，要保持冷静驾驶，因为道路蜿蜒曲折，一路会看见风滚草、树形仙人掌和落石，最后到达金曼。

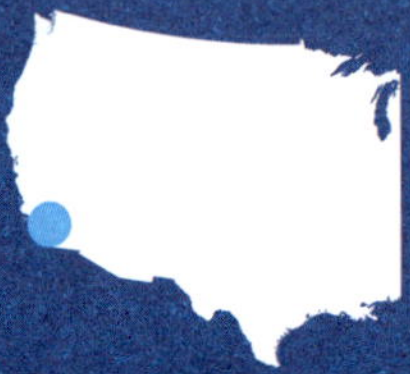

# 66号公路西段

从靠近内华达州州界的尼德尔斯开始，66号公路经过莫哈韦沙漠的鬼城，之后再翻越卡洪山口（Cajon Pass）来到铁路城镇维克托维尔（Victorville）和巴斯托（Barstow）。66号公路驶过洛杉矶盆地，最后在圣莫尼卡的海边到达终点。

在加利福尼亚州，66号公路大多数时候都等同于National Trails公路，一路坑坑洼洼颠簸不平。在大一点的城镇里，需要一双慧眼才能从当代建筑中辨识出母亲之路的风采，但当你靠近内华达州时，开阔的景致和偶尔一现的地标与当年老66号公路的旅行者们所见到的几乎并无二致。

请注意，此章的目的地内容是跟随66号公路自西向东穿过加利福尼亚州，与39页的公路旅行方向相反。

## 洛杉矶

无论你相信与否，洛杉矶不仅仅只有金黄色的沙滩、起伏的山丘和无所不在的宝马车。她是个谜。对无数小城市来的梦想家、摇滚乐手和敢于冒险的人来说，她是个指路灯塔，她也是一个思想开明的天使，鼓励人们敢于生活，并让生活不为评判或羞耻所左右。她为我们培养了昆汀·塔伦蒂诺（Quentin Tarantino）、吉姆·莫里森（Jim Morrison），以及塞雷娜（Serena）和维纳斯·威廉姆斯（Venus Williams），萌生了滑板运动和帮派说唱形式，同时令移植手术、电解脱毛以及氨纶材料大行其道，不但培育了伟大的作家、表演家和导演，还有开创性的瑜伽师们——正是他们首次将东方智慧带入了西方世界。

那些简单的鼓舞人心的时刻很好地定义着洛杉矶。在贝弗利大道（Beverly Blvd）上来一杯带碎冰的爵士乐时代的鸡尾酒，在好莱坞山（Hollywood Hills）的灌木蒿丛中登高，在Point Dume欣赏海豚的嬉戏，在威尼斯海滩（Venice Beach）雷鸣般的集体鼓乐声中欣赏粉红色的日落美景，再来一个完美的墨西哥玉米卷饼。更不用提她的夜间音乐了——夜间音乐可是必不可少的。

## 圣莫尼卡（Santa Monica）和威尼斯（Venice）

在圣莫尼卡，小口呷着白色俄罗斯鸡尾酒的真人版勒保斯基（Lebowski）与大口痛饮着马提尼鸡尾酒的好莱坞制作人相邻而坐，明星大厨和妈妈们肩并肩逛着数不胜数的农夫市集。这个小城市有着前瞻性的社会及环境理想（以及法西斯式的停车场编码），冲浪爱好者、滑板朋克、穿细带比基尼的辣妹、瑜伽狂人、灵媒、街头表演者和数量惊人的无家可归者齐聚一堂。这些人中的大多数——如果不是全部的话——都可以在该城西部那非凡的海岸线沿岸以及整个洛杉矶地区以北的一座起伏山脉的山角下找到。这就是圣莫尼卡，洛杉矶时髦的嬉皮风格的小姐妹，其业力已达到平衡，而对很多人来说，这里是他们的救赎之地。

圣莫尼卡码头（310-458-8900；www.santamonicapier.org；Ocean Ave以西；入场免费；）的历史可以追溯到1908年，一度曾是神奇的66号公路的最终点，如今仍是一个受到游客喜爱的地方，码头上满是游乐设施和大型电玩，还能欣赏到壮观的景色，当之无愧是这个城市的地标。在码头上漫步之后，可以来到海滩（310-458-8411；http://www.smgov.net/portals/beach/；BBB 1），我们喜爱Ocean Park Blvd大街以北的那段。也可以在Perry's Cafe（310-939-0000；www.perryscafe.com；Ocean Front Walk；山地自行车和旱冰鞋 每小时/天 $10/30，冲浪板 每小时/天 $7/17；9:30~17:30）租一辆自行车或是一些滑板，并探索一下22英里长的南部湾自行车道（South Bay Bicycle Trail）。

威尼斯人行道（Venice Boardwalk；Ocean Front Walk；威尼斯码头到Rose Ave；24小时）的官方名称为Ocean Front Walk，是一个古怪的嘉年华，道路上到处是奇形怪状的呼拉圈杂技演员、旧日爵士乐团、独奏着走调的车库摇滚乐的歌手和艺术家们——好的坏的统统都有，但就体验洛杉矶而言，这里是个必到之处。可以租一辆自行车（310-396-2453；517 Ocean Front Walk；每小时/2小时/天 自行车 $7/12/20，冲浪板 $10/20/30，溜冰鞋 $7/12/20）加入游行的队伍，匆匆一瞥肌肉海滩（Muscle Beach；www.musclebeach.net；1800 Ocean Front Walk；每天 $10；5月至9月 8:00~19:00，10月至次年4月 8:00~18:00），或是前去滑板公园（Skate Park；1800 Ocean Front Walk；日出至日落）。周日下午的集体鼓乐总是很狂野。

## 住宿

### HI Los Angeles-Santa Monica 青年旅舍 $

（310-393-9913；www.hilosangeles.org；1436 2nd St；铺 $38~49，房间 $99~159；）这家青年旅舍靠近海滩和滨江大道，位置令人羡慕而且价格低廉。200个床位干净而安全，或是单一性别的宿舍，或是盒子般大小的双人间，都需要使用公用浴室。这里有很大的公共空间去休息和上网，不过那些想要参加派对的人还是最好住到威尼斯或好莱坞去。

### Palihouse 精品酒店 $$$

（310-394-1279；www.palihousesantamonica.com；1001 3rd St；房间 $279~319，一居室 $319~379；）洛杉矶最时髦的新酒店品牌（名字并非Ace）从历史悠久的大使酒店（Embassy Hotel，约建于1927年）接手了36个房间、一居室和单卧室公寓。大堂铺着陶砖地板，天花板以梁支撑，还有一个咖啡馆酒吧，再加上小隔间和皮质沙发，你大可在里面拥吻或是上网。

### Shore Hotel 酒店 $$$

（310-458-1515；www.shorehotel.com；1515 Ocean Ave；房间 $309起）这是Ocean Ave大道上最新的酒店之一，拥有整洁、现代、以木头和玻璃为装饰特色的大房间，每个房间都带有私人阳台。这里是圣莫尼卡唯一一家拥有能源及环境领先认证（LEED-certified）金牌等级的酒店，换句话说，这里更为注重能源利用及环境保护。举个例子：可爱的后花园里种的是抗旱植物（更加节水）。

圣莫尼卡码头

## Santa Monica & Venice
## 圣莫尼卡和威尼斯

## Santa Monica & Venice
## 圣莫尼卡和威尼斯

**景点**

1 圣莫尼卡码头 A3
2 圣莫尼卡州立海滩 A2

**活动、课程和团队游**

3 Muscle Beach A6
4 Perry's Café & Rentals A2

**住宿**

5 HI Los Angeles-Santa Monica A2
6 Palihouse B1
7 Shore Hotel A2

**就餐**

8 Bar Pintxo A2
9 Bay Cities B2
10 圣莫尼卡农夫市场 B2

**饮品和夜生活**

11 Basement Tavern B4
12 Misfit B2

**娱乐**

13 Planet Blue B5
14 Santa Monica Place B2
15 Third Street Promenade B2

## 餐饮

**圣莫尼卡农夫市场** 市场 $

(Santa Monica Farmers Markets; www.smgov.net/portals/farmersmarket; Arizona Ave, btwn 2nd & 3rd Sts; 周三 8:30~13:30，周六 8:30~13:00; )要是你还没有探访过一次每周都有的户外农夫市场，你就不能算是真正地到过圣莫尼卡，市场里满是有机水果、蔬菜、鲜花、烘焙食品和新鲜的去壳牡蛎。

**Bay Cities** 熟食店、意大利菜 $

(www.baycitiesitaliandeli.com; 1517 Lincoln Blvd; 三明治 $5~9; 周二至周六 9:00~19:00，周日 9:00~18:00)这里不仅仅是洛杉矶最好的意大利熟食店，很可能还是目前全世界最好的熟食店。这里有肥大、香辣的“教母”(堆满了蒜味腊肠、意式肉肠、猪颈肉、火腿、意式熏火腿、波萝伏洛干酪以及青椒沙拉)、自煨的三角状牛排、味道浓郁的沙拉、进口肉类、芝士、面包、油以及其他美食。

点一份全套的三明治吧。而且，是的，这里值得排队等待。

**Milo and Olive** 意大利菜 $$

（☎310-453-6776；www.miloandolive.com；2723 Wilshire Blvd；菜肴 $7~20；⏲7:00~23:00）我们热爱这里的小批量葡萄酒、不可思议的比萨饼和上好的早餐（有人想要奶油状的粥和水煮蛋吗？）、面包以及糕点，你可以在大理石酒吧台旁享用这一切，也可以和新认识的朋友肩并肩坐在两张共用桌前一起分享。这里是令人感觉舒适的那种邻家铺子式的店铺，不接受提前预约。

**Bar Pintxo** 西班牙菜 $$

（☎310-458-2012；www.barpintxo.com；109 Santa Monica Blvd；西班牙小吃 $4~16，海鲜饭 $30；⏲周一至周三 16:00~22:00，周四 16:00~23:00，周五 16:00至午夜，周六 正午至午夜，周日 正午至22:00）这是一家巴塞罗那式的餐前小吃酒吧，又小又拥挤，有点吵，但很有意思。餐前小吃包括了鸭油焖猪五花、里脊肉串、羊肉丸子和超大份的烤鱿鱼。

## 饮品和夜生活

**Basement Tavern** 酒吧

（www.basementtavern.com；2640 Main St；⏲17:00至次日2:00）这家富有创造力的地下酒吧是我们在圣莫尼卡的最爱。我们喜欢这里的鸡尾酒、舒适的小包间以及晚间的现场音乐日历——蓝调、爵士、蓝草和摇滚音乐。周末这里会爆满，但周中的晚上则很特别。

**Misfit** 休闲酒吧

（☎310-656-9800；www.themisfitbar.com；225 Santa Monica Blvd；⏲周一至周五 正午至深夜，周六及周日 11:00至深夜）这个昏暗的集食物、饮品和乐趣于一身的店铺以其正式而非上好的菜单而闻名，还有以工匠精神调制的非凡鸡尾酒。这个酒吧位于一幢历史建筑内，内部拥有老式装饰，从早午餐一直到打烊都很忙碌。

## 购物

想要找大型的连锁店，如Anthropologie、苹果旗舰店、Guess和匡威，你需要走到Third Street Promenade。**Santa Monica Place**（www.santamonicaplace.com；395 Santa Monica Pl；⏲周一至周四 10:00~21:00，周五及周六 10:00~22:00，周日 11:00~20:00）提供更为高档的企业消费。想要逛独立风格的精品店，比如**Planet Blue**（www.shopplanetblue.com；2940 Main St；⏲10:00~18:00），那就直接去Montana Ave大道和Main St街。

## 实用信息

**圣莫尼卡**（☎800-544-5319；www.santamonica.com；2427 Main St）巡逻的信息员会在滨海大道以及周边来回穿梭巡逻（骑着电动赛格威！）。

# 好莱坞

亲爱的甜蜜的好莱坞，国际娱乐产业的旋涡中心，也有着一些背后的故事。首先，这里曾经有过黄金时代，那时是电影产业的破晓时分，电影界铁腕们统治和决定着一切。然后，20世纪70年代到来了，前卫的制作初出茅庐，工作室也开始在Burbank和Studio City寻找更大的制作空间。很快，那些仍然在世的为数不多的“明星”们的名字就被植入到人行道上。更糟糕的是，你不得不在车辆和瘾君子之间躲来闪去才能看到它们。到了20世纪90年代后期，势头终于开始转变了，在之后的10年时间里，大量聪明的投资和聪明的计划一起冲击了这个地区，将其转变成了今天的模样。这是一块闪光的、忙乱的、坚定的、令人眼花缭乱的狂舞区，充满着乐趣、美食和可疑的行为。

## 景点

**好莱坞露天剧场** 地标

（Hollywood Bowl；www.hollywoodbowl.com；2301 Highland Ave；排练 免费，表演 费用不定；⏲4~9月；P）要是没有这个在星空下欣赏交响乐的凉爽之地，夏天时的洛杉矶可就完全不一样了，大牌明星们如Baaba Maal、席格

# Hollywood 好莱坞

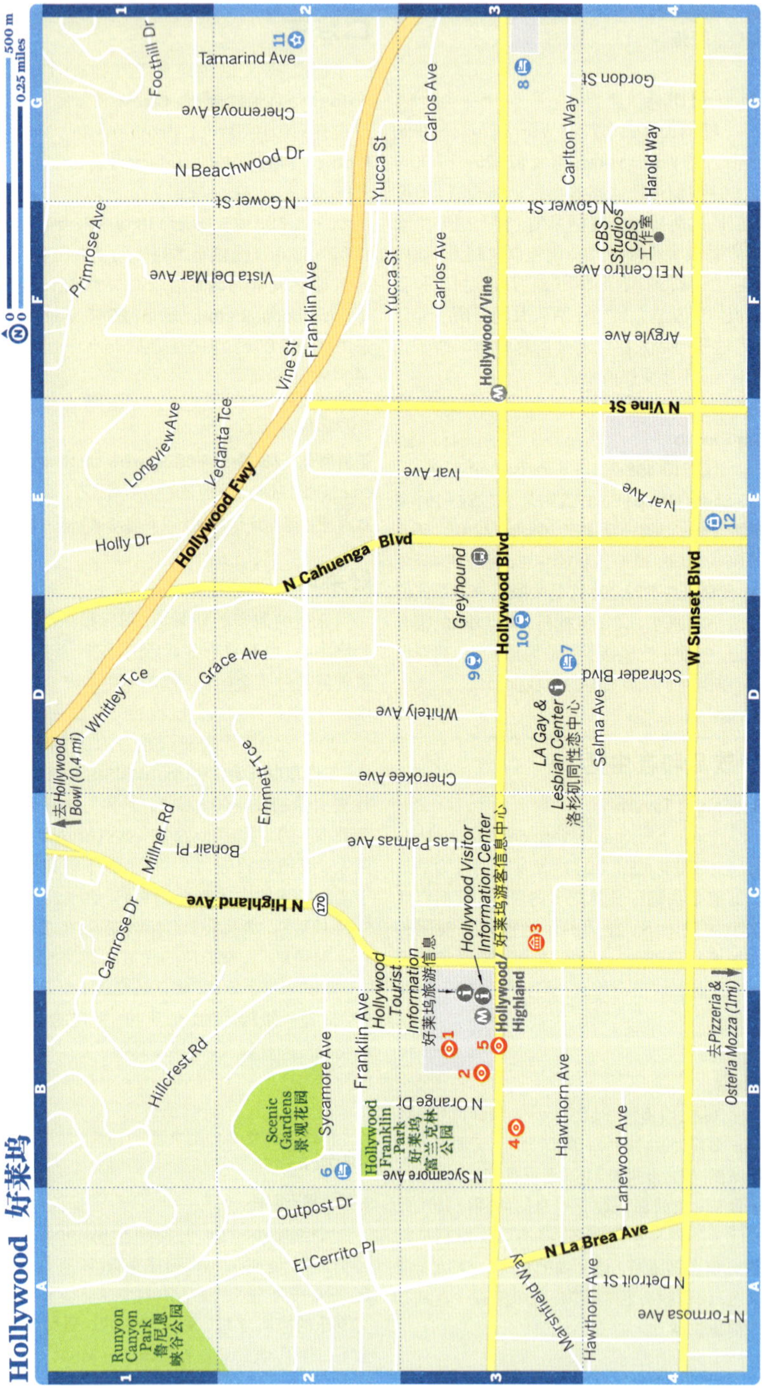

# Hollywood 好莱坞



洛斯（Sigur Rós）和电台司令（Radiohead）及保罗·麦卡特尼（Paul McCartney）等纷纷在此登台献艺。好莱坞露天剧场是一个巨大的天然圆形剧场，于1922年左右建成，声效很棒。

### 好莱坞星光大道　地标

（Hollywood Walk of Fame; www.walkoffame.com; Hollywood Blvd）大鸟（Big Bird）、鲍勃·霍普（Bob Hope）、玛丽莲·梦露（Marilyn Monroe）和艾瑞莎·弗兰克林（Aretha Franklin）是好莱坞星光大道上被找寻、崇拜和拍照的明星们。自1960年以来，已经有超过2400位表演者——从传奇人物到小角色——被荣幸地以星形粉红色大理石留名于人行道上。

### 格莱曼中国剧院　地标

（Grauman's Chinese Theatre; ☎323-463-9576; www.tclchinesetheatres.com; 6925 Hollywood Blvd; 游览及电影票 成人/儿童/老年人 $13.50/6.50/11.50）你有没有想过穿上乔治·克鲁尼（George Clooney）的鞋是什么感受吗？在这个举世闻名的电影宫殿前院就能找到他的足印。这个充满异域风情的宝塔式剧院——拥有从中国运来的寺庙大钟和石狮子——从1927年起就开始放映电影，当时西塞尔·B.德米尔（Cecil B DeMille）的《万王之王》（*The King of Kings*）在这里的荧幕上首映。

### 好莱坞标志（Hollywood Sign）　地标

洛杉矶最著名的地标于1923年首次出现在山上，当时是一个名为“好莱坞之地”的房地产发展计划的广告。每个字母都高达50英尺，由金属薄片制成。这里一度要用4000个电灯泡点亮，以前这个标志甚至有一个专门的管理员，他就住在字母“L”后方直到1939年。

攀爬到标志附近是违法的，不过其观景点有很多，包括好莱坞高地（Hollywood & Highland）、Beachwood Dr高处以及格里菲斯天文台（Griffith Observatory）。

### 好莱坞博物馆　博物馆

（Hollywood Museum; ☎323-464-7776; www.thehollywoodmuseum.com; 1660 N Highland Ave; 成人/儿童 $15/5; ⊙周三至周日10:00~17:00）我们相当喜欢这个献给众星的过气的“庙宇”，到处是庸俗的海报、戏服和旋转的道具。这个博物馆位于一座1914年的Max Factor建筑内，该建筑属于装饰派艺术风格（art deco），雄伟壮观，化妆界的先驱曾在此处施展他的魔法，为像玛丽莲·梦露和朱迪·加兰（Judy Garland）这样的好莱坞明星们服务。

### 杜比剧院　剧院

（Dolby Theatre; www.dolbytheatre.com; 6801 Hollywood Blvd; 游览 成人/儿童、老年人和学生 $17/12; ⊙10:30~16:00）奥斯卡金像奖在杜比剧院颁发，这里还举办了“美国偶像”的冠军争霸赛、年度卓越体育表现奖（简称ESPY）典礼、“美国小姐”盛会以及一场最近的尼尔·杨（Neil Young）驻场演出。在游览过程中，你可以打探一番观众席，赞叹一下贵宾室，并近距离瞻仰一会儿奥斯卡小金人。

## 团队游

**TMZ Tours** 好莱坞游览

（☎855-4TMZ-TOUR；www.tmz.com/tour；6925 Hollywood Blvd；成人/儿童 $55/45；⏲每天约10个团）抛开羞耻感吧，难道你真的不想窥探名人、瞧一瞧他们的家是什么模样同时对他们的"脏料"目瞪口呆并大笑不止？加入这个有口皆碑的由狗仔队设计的团队游吧，这些狗仔们自己已然摇身一变成了名人。

## 住宿

**Vibe Hotel** 青年旅舍 $

（☎323-469-8600；www.vibehotel.com；5920 Hollywood Blvd；铺 $22~25，房间 $85~95；P@☎）这是一家由汽车旅馆改建而成的时髦青年旅舍，既有男女混住的宿舍也有仅限女性的宿舍——每个房间都带有宽屏电视和简易厨房设施——还有新近重新装修过的几间私人房间可以住3个人。你将可能和来自任何地方的国际人群一起共享空间。

**USA Hostels Hollywood** 青年旅舍 $

（☎800-524-6783，323-462-3777；www.usahostels.com；1624 Schrader Blvd；铺 $30~40，房间 不带浴室 $81~104；❄@☎）这家友善的青年旅舍将你带入距离好莱坞的派对圈不远的地方。私人房间稍嫌狭窄，但在工作人员组织的烧烤会、喜剧之夜、$25畅饮的豪华轿车游上很容易交到朋友。免费赠品包括一份自制煎饼早餐。他们在门廊处设有舒适的躺椅，还有免费的海滩穿梭巴士。

**Magic Castle Hotel** 酒店 $$

（☎323-851-0800；http://magiccastlehotel.com；7025 Franklin Ave；房间 含早 $174起；P❄@☎≋）这家长期以来颇受喜爱的酒店的墙壁有点薄，但除此之外，这里算是个充满魅力的活动基地，有着宽敞的现代式房间、出类拔萃的员工和一个相当小的庭院池子——在这里你可以享用新鲜的糕点和精制咖啡，开启新的一天。可以询问如何进入Magic Castle——一个传说中的仅限会员进入的魔术俱乐部，位于毗邻的维多利亚式大厦中。停车收费$10。

## 就餐

**Jitlada** 泰国菜 $$

（☎323-667-9809；jitladala.com；5233 W Sunset Blvd；开胃小吃 $5~10，主菜 $11~30；⏲午餐和晚餐；P）来自遥远的泰国南部的美味。这里的咖喱蟹和炒木瓜沙拉（som tum）都是极好的，泰式汉堡也很棒。性格活泼的老板拥有一批忠实的顾客，多数为来自欧洲的美国人，其中就包括瑞恩·高斯林（Ryan Gosling）和娜塔莉·波特曼（Natalie Portman）。在靠近洗手间的地方找找那面名人墙。

**Pikey** 小酒馆 $$

（☎323-850-5400；www.thepikeyla.com；7617 W Sunset Blvd；菜肴 $12~28；⏲周一至周五正午至次日2:00，周六及周日 11:00至次日2:00）这家美味厨房的前身是Coach & Horses——好莱坞最受欢迎的小吃店之一，之后它摇身一变成了一个供应西兰花烤培根、北极生鲑鱼片配西柚和墨西哥胡椒、烤鱿鱼佐咖喱鹰嘴豆以及慢炖鸭腿肉的地方。这里的鸡尾酒超级赞。

**Pizzeria & Osteria Mozza** 意大利菜 $$$

（☎323-297-0100；www.mozza-la.com；6602 Melrose Ave；比萨饼 $11~19，晚餐 主菜 $27~38；⏲pizzeria 每天 正午至午夜，osteria 周一至周五 5:30~23:00，周六 17:00~23:00，周日 17:00~22:00）Osteria Mozza提供上好的美食，采用应季的食材和市场时鲜，不过这里可是Mario Batali的分店，你可以期待创新（想像一下：墨鱼汁意大利面配珍宝蟹、海胆和墨西哥胡椒）与一致性之间的高品质共存。推荐提前预订。

## 饮品和夜生活

**La Descarga** 休闲酒吧

（☎323-466-1324；www.ladescargala.com；1159 N Western Ave；⏲周三至周六 20:00至次日2:00）这个破旧得很有品位、闷热而高贵的朗姆酒及雪茄休闲酒吧是个新发现。大理石酒吧台后面有超过100种不同的朗姆酒，来自于海地和圭亚那、危地马拉和委内瑞拉。

**No Vacancy** 酒吧

（☎323-465-1902；www.novacancyla.com；1727 N Hudson Ave；⏲20:00至次日2:00）一幢老旧的、木瓦屋顶的维多利亚式建筑被改造成了洛杉矶最热门的夜间活动场所（在本书调研期间）。就连入口处都很夸张。你需要踏上一段快要散架的楼梯到达一个狭窄的厅堂，然后进入一个冒充女士的人（穿着渔网）的房间，他会按下一个按钮，弹出另一架楼梯让你进入一个客厅，然后跨入一个极混乱的庭院内。

**Dirty Laundry** 酒吧

（☎323-462-6531；dirtylaundrybarla.com；1725 N Hudson Ave；⏲22:00至次日2:00）这里位于一幢不显眼的粉红色公寓下方，是个时髦的带着霉味的小房间，充满着美好时光，有低矮的天花板、暴露的管道、上好的威士忌、绝妙的恐怖唱片转盘和许多放纵不羁的漂亮人士。这里有看人下菜碟的风气，所以提前预订一张桌子以确保你可以溜得进去。

**Sayers Club** 夜店

（☎323-871-8416；www.sbe.com/nightlife/locations/thesayersclub-hollywood；1645 Wilcox Ave；入场费不定；⏲周二、周四及周五 20:00至次日2:00）当像王子（Prince）这样的摇滚名流、黑键乐队（Black Keys）这样的明星，以及乔瑟夫·高登-李维（Joseph Gordon Levitt）这样的电影明星们都纷纷决定在更亲密的环境中举办私人表演时，他们选定了这个砖建的好莱坞夜总会的后室，这里的小包间座椅是皮质的，灯光昏暗，而音乐也令人满意——无论是现场，还是DJ打碟。

## ☆ 娱乐

**正直公民旅剧场** 喜剧

（Upright Citizens Brigade Theatre；☎323-908-8702；www.losangeles.ucbtheatre.com；5919 Franklin Ave；门票 $5~10）由综艺节目《周六夜现场》（*Saturday Night Live*，简称SNL）的艾米·波勒（Amy Poehler）、伊恩·罗伯茨（Ian Roberts）和马特·贝瑟（Matt Besser）及马特·沃尔什（Matt Walsh）在纽约成立的喜剧小品团队于2005年在好莱坞拥有了一个克隆版本，据说是城里最好的即兴表演戏剧。多数表演的门票为$5或$8，但周日的“Assscat”是免费的。

## 购物

**Amoeba Music** 音乐

（☎323-245-6400；www.amoeba.com；6400 W Sunset Blvd；⏲周一至周六 10:30~23:00，周日 11:00~21:00）当一家唱片店在这个技术当道的年代不但存活了下来，还开得相当兴旺，你就知道它肯定是做对了什么。你可以在这家如爷爷一般年纪的音乐商店里翻看几十万张新旧黑胶唱片、CD、DVD、录像和唱片。试听站很好用，它出色的《我们喜爱的音乐》（*Music We Like*）手册能让你着迷。

## ℹ 实用信息

**好莱坞游客信息中心**（Hollywood Visitor Information Center；☎323-467-6412；http://discoverlosangeles.com；Hollywood & Highland complex，6801 Hollywood Blvd，Hollywood；⏲周一至周六 10:00~22:00，周日 10:00~19:00）位于杜比剧院的人行道上。

# 帕萨迪纳（Pasadena）

或许有人会认为帕萨迪纳这个地方所拥有的血统高贵、食肉、健壮的美国人相比其他洛杉矶周边地区加起来的都要更多。这里的社区弥漫着怀旧学院风，较为保守而拥护传统观念，喜爱艺术和爵士乐，还有一丝进步的暗流在涌动。

玫瑰花车大游行（Rose Parade）和玫瑰碗（Rose Bowl；☎626-577-3100；www.rosebowlstadium.com；1001 Rose Bowl Dr）美式足球赛或许为帕萨迪纳带来了持续已久的声名，但这个有教养城市的内在精神以及它位于巍峨的圣盖博山（San Gabriel Mountains）脚下的位置，使这里成为一个常年的魅力之地，吸引着人们到来。别错过亨廷顿图书馆（Huntington Library；☎626-405-2100；www.

huntington.org; 1151 Oxford Rd, San Marino; 成人 工作日/周末及节假日 $20/23, 儿童 $8, 每个月第一个周四 免费; ⏲6月至8月 周三至周一 10:30~16:30, 9月至次年5月 周一及周三至周五 正午至16:30, 周六、周日及节假日 10:30~16:30; Ⓟ)和它那个宁静的禅意花园, 还有诺顿·西蒙博物馆(Norton Simon Museum; www.nortonsimon.org; 411 W Colorado Blvd; 成人/儿童 $10/免费; ⏲周三至周一 正午至18:00, 周五 正午至21:00; Ⓟ)——这里拥有许多杰作, 而当德斯康索花园(Descanso Gardens; www.descansogardens.org; 1418 Descanso Dr, La Cañada Flintridge; 成人/5~12岁/学生及老年人 $9/4/6; ⏲9:00~17:00; Ⓟ)在1月、2月间百花盛放时, 整个地区都显得魅力非凡。

两车道的天使之冠观光道(Angeles Crest Scenic Byway; www.byways.org/explore/byways/10245/travel.html; Hwy 2)为你展现庞大山脉、莫哈韦沙漠以及幽深的山谷那令人难以置信的美景, 这是一段由La Cañada到度假村之镇Wrightwood全长55英里的曲折道路。该道路绕行经过洛杉矶郊区的最高峰——官方的名称是圣安东尼奥山(Mt San Antonio, 10,064英尺), 但更为广泛接受的名字则是老秃山(Old Baldy), 因其光秃的山顶而得名。

## 住宿

**Bissell House B&B** 民宿 $$

(☎626-441-3535; www.bissellhouse.com; 201 S Orange Grove Blvd; 房间 $159~259; Ⓟ📶❄)古董、硬木地板和一个噼里啪啦作响的壁炉使得这个藏在豪宅区隐蔽的维多利亚式民宿成为一处洋溢着温暖与浪漫的堡垒。用篱笆围住的花园感觉像个避难所, 还有一个能在酷热的天气里提供阴凉的水池。艾伯特亲王(Prince Albert)房有着非常棒的壁纸和一个爪形底的浴缸。所有的7个房间都拥有私人浴室。

**Langham** 度假村 $$$

(☎626-568-3900; www.pasadena.langhamhotels.com; 1401 S Oak Knoll Ave; 房间 $230起; Ⓟ@📶❄)1906年这里作为亨廷顿酒店(Huntington Hotel)开业, 最近归于朗廷酒店(Langham)旗下, 之前的几十年由丽思卡尔顿(Ritz Carlton)管理。不过有些东西并未改变: 这个不可思议的23英亩田庄内点缀着棕榈树——可以在花园里漫步, 园内拥有巨大的游泳池和带顶的美丽桥梁——仍旧充满了艺术美。房价也合理。

## 就餐

**Little Flower** 咖啡馆 $

(☎626-304-4800; www.littleflowercandyco.com; 1424 W Colorado Blvd; 主菜 $8~15; ⏲周一至周六 7:00~19:00, 周日 9:00~16:00)这个当地人喜爱的咖啡馆距离老城区仅1英里, 过了科罗拉多大桥(Colorado Bridge)就是。这里制作精致的点心、越式鸡肉三明治、烤牛肉或印尼豆豉, 以及装满了扁豆、黄瓜酸奶、咖喱茄子和蒸菠菜或是三文鱼、碎胡萝卜和萝卜、小青菜和日式蘸酱的碗。

## 洛杉矶到巴斯托

走出圣盖博山谷(San Gabriel Valley)后, Colorado Pl变成了Huntington Dr E, 沿着它走就可以到2nd Ave大道, 你需要在这里向北转, 然后在Foothill Blvd大街向东转。老66号公路随着Foothill Blvd大街穿过Monrovia, 这里有受到闹鬼说法困扰的阿兹特克酒店(Aztec Hotel; ☎626-358-3231; 311 W Foothill Blvd), 酒店是一座1925年建成的玛雅复兴风格建筑。

继续向东沿着W Foothill Blvd大街前行, 然后往南转到S Myrtle Ave大道并在E Huntington Dr左转, 穿过杜阿尔特(Duarte)——这里是举办66号公路游行(Route 66 parade; http://duarteroute66parade.com; ⏲9月)的地方, 届时会有喧闹的游行乐队、老式的嘉年华游戏和一场经典的汽车秀。在Azusa, Huntington路变成了E Foothill Blvd大街, 在格伦多拉(Glendora)时又成了Alosta Blvd大街, 这里的The Hat(☎626-857-0017; www.thehat.com; 611 W Route 66; 主菜 $4~8; ⏲周日到周三 10:00~23:00, 周四至周六 10:00至次日1:00; 🚼)从1951年开始就制作堆积如山的熏牛肉三明治了。

继续沿着Foothill Blvd大街向东，有两家做作的老式牛排店位于Rancho Cucamonga。第一家是建于1955年的**Magic Lamp Inn**（☎909-981-8659；www.themagiclampinn.com；8189 Foothill Blvd；主菜 午餐 $11~17，晚餐 $15~42；⊙周二至周五 11:30~14:30，周二至周四 17:00~23:00，周五和周六 17:00~22:30，周日 16:00~21:00），它绚丽的霓虹灯标志让人一眼就能认出来。从周三到周六都是舞蹈之夜。再往前，乡村风的**Sycamore Inn**（☎909-982-1104；www.thesycamoreinn.com；8318 Foothill Blvd, Rancho Cucamonga；主菜 $22~49；⊙周一至周四 17:00~21:00，周五及周六 17:00~22:00，周日 16:00~20:30）从1848年起就开始供应多汁的牛排了。

沿着Foothill Blvd大街继续往前进入Rialto，这里有**Wigwam汽车旅馆**（☎909-875-3005；www.wigwammotel.com；2728 W Foothill Blvd；房间 $65~80；🐾），怪异的混凝土的人造圆锥形帐篷建于1949年。继续往东走，然后在N East St街向北转到非正式的**首家麦当劳博物馆**（First McDonald's Museum；☎909-885-6324；1398 N E St, San Bernardino；捐赠入场；⊙10:00~17:00），这里有些有趣的66号公路历史性展览。继续向北，然后在W Highland Ave大道左转，选择I-215高速公路开到15号州际公路，在Cleghorn出口下来，沿着Cajon Blvd大街向北走，这是一段老母亲之路。回到15号州际公路，然后开往卡洪山口（Cajon Pass）。在山顶取道Oak Hill Rd路出口（138号）来到**Summit Inn咖啡馆**（☎760-949-8688；5960 Mariposa Rd, Hesperia；主菜 $5~10；⊙周一至周四 6:00~20:00，周五和周六 6:00~21:00），这个20世纪50年代的路边小餐馆有古董气泵、一个老式自动唱机和一个供应鸵鸟汉堡和红枣奶昔的午餐柜台。

回到15号州际公路，下山开到维克托维尔（Victorville），在7th St街开下公路，然后经过圣贝纳迪诺县露天游乐场（San Bernardino County Fairgrounds）——这里有条66号公路跑道（Route 66 Raceway）。在维克托维尔老城沿着7th St街行驶，找找看包括**New Corral汽车旅馆**野马标志在内的一些地标。在D St街，左转去优秀的**加利福尼亚66号公路博物馆**（California Route 66 Museum；☎760-951-0436；www.califrt66museum.org；16825 D St；欢迎捐赠；⊙周四至周六及周一 10:00~16:00，周日 11:00~15:00），就在灰狗（Greyhound）长途汽车站对面。这里前身是个咖啡馆，藏品精彩而不拘一格，包括一辆20世纪30年代的泪珠状拖车、闪闪发亮的红色瑙加海德人造革（naughahyde）小隔间内的迷你自动唱机、广告引导标志、老照片以及从罗伊·罗杰斯博物馆（Roy Rogers Museum）获取的零零碎碎——后者之前曾位于维克托维尔，后来搬去了密苏里州的Branson（2010年时已关闭）。

在奥罗格兰德（Oro Grande），**Iron Hog Saloon**（20848 National Trails Hwy；⊙周一至周四和周日 8:00~22:00，周五及周六 8:00至次日2:00）是个老式的下层酒馆，里面满是纪念品，个性十足。这里极受自行车手们推崇，供应大份肋排，包括响尾蛇和鸵鸟肉。在北面约5英里处，路边的**Bottle Tree Ranch**（Elmer's Place, 24266 National Trails Hwy）收藏了多彩的玻璃瓶，挂在风化的铁路标志两旁的电线杆上，很有艺术感。

## 巴斯托

在40号州际公路和15号州际公路的交叉路口，差不多是洛杉矶和拉斯维加斯的半道上，穷困潦倒的巴斯托（人口23,000）数个世纪以来都是沙漠旅行者的十字路口。1776年，西班牙殖民地牧师弗朗西斯科·加塞斯（Francisco Garcés）曾在搭篷车旅行时路经此地，19世纪中期的老西班牙之道（Old Spanish Trail）也经由此地，而莫哈韦河的先驱定居者们曾在这里向移民加州的人们兜售各种供给。同时，城外的山上发现了矿脉。巴斯托——以一个铁路长官的名字命名——1886年之后成为一个铁路交叉口。在1926年之后，它成了66号公路（Main St街）上摩托车骑士们的一个主要休息站。今日，它为附近的军事基地服务，但对旅行者而言仍然是一个忙碌的休息站。

## 景点

巴斯托以其历史主题的壁画而闻名，这些壁画修饰了空空的、以木条封住的城中心建筑，多数位于1st St街和6th St街之间的Main St街上。可以在商会取一份地图。

### 66号公路“母亲之路”博物馆 博物馆

（Route 66 ‘Mother Road’ Museum；☎760-255-1890；www.route66museum.org；681 N 1st St；⌚周五及周六 10:00~16:00，周日11:00~16:00，或是提前预约）免费 沙漠之家（Casa del Desierto）是一幢1911年经过精心修复的哈维房屋[Harvey House，以创始人弗雷德·哈维（Fred Harvey）的名字命名的铁路沿线的华丽旅馆建筑]，位于其内部的这个博物馆记录了这条历史性公路沿途的生活状况，配有一些不错的黑白老照片以及无所不包的文物，如一辆1915年的Model T型的福特车，一个1913年的电话接线总机以及用产自当地矿里的矿物质制成的产品。不错的礼品店出售66号公路驾驶指南、地图和书籍。

### 沙漠探索中心 博物馆

（Desert Discovery Center；☎760-252-6060；www.desertdiscoverycenter.com；831 Barstow Rd；⌚周二至周六 11:00~16:00；👪）免费 美国土地管理局（US Bureau of Land Management）经营着这个以孩子为导向的教育中心，位置在靠近15号州际公路的一栋土砖建筑内。活动包括喂动物、艺术俱乐部和从打鼓到堆肥等不同的月度项目，你还可以获得在当地沙漠探险的信息。明星展品是“老妇人陨石”（Old Woman Meteorite）——美国境内发现的第二大陨石，重达6070磅。

### Calico鬼城 主题公园

见42页。

## 食宿

只有当莫哈韦河结冰时，巴斯托才会没有空房间剩下。沿着E Main St街行驶，你就可以从一堆全国连锁汽车旅馆里作出自己的选择，其中许多双人间从$40起。

### Oak Tree Inn 汽车旅馆 $

（☎760-254-1148；www.oaktreeinn.com；35450 Yermo Rd，Yermo；房间 含早 $53~74；P ❄ 📶 🏊 🐾）想要追求等级和舒适的话，那就直接去这个拥有三层楼、65个房间的汽车旅馆，这里靠近高速公路，房间里有遮光的帷幔和三层玻璃的窗户。它位于城东11英里处（15号州际公路的Ghost Town Rd路出口）。早餐在毗邻的小餐馆内提供。

### Lola’s Kitchen 墨西哥菜 $

（1244 E Main St；主菜 $5~12；⌚周一至周五 4:00~19:30，周六 4:00~16:30；👪）州际公路的卡车司机、蓝领工人和前去拉斯维加斯的时髦人士都在这个简单多彩的墨西哥“厨房”内齐聚一堂，这里藏身于一个零售商场内，由姐妹俩共同经营，她们制作多汁的烤牛肉玉米煎饼、香辣肉酱玉米卷饼以及其他美食。

### Idle Spurs Steakhouse 牛排馆 $$

（☎760-256-8888；www.idlespurssteakhouse.com；690 Hwy 58；主菜 午餐 $10~24，晚餐 $14~28；⌚周一至周五 11:00~21:00，周六及周日 16:00~21:00；👪）这个以西部为主题的餐厅自20世纪50年代起开业，环绕着一个中庭和一个酒吧，这里是当地人和房车旅行者们的最爱。向潜伏于你内心的食肉动物投降吧，享受这里的慢烤牛肋排、手切牛排和多汁的去头龙虾。这里也提供儿童菜单。距离66号公路仅几英里。

### Peggy Sue’s 美式小餐馆 $$

（☎760-254-3370；www.peggysuesdiner.com；Ghost Town Rd，Yermo；主菜 $8~13；⌚6:00~22:00；👪）建于1954年，最初是一个简单的只拥有9张凳子、3个小包间的小餐馆，如今已发展成了一个迷你帝国，拥有冰激凌店、比萨饼店、一个有着金属“恐龙”雕像的公园以及一个俗气但出色的礼品店。这里和Oak Tree Inn位于同一条街上。

## ★娱乐

**Skyline Drive-In** 电影院

（☎760-256-3333；31175 Old Hwy 58；成人/儿童 $7/2；👪）这个20世纪60年代的电影院是加州少数几个汽车电影院之一，每晚放映一两部影片。

## ℹ 实用信息

**巴斯托地区商会**（Barstow Area Chamber of Commerce；☎760-256-8617；www.barstowchamber.com；681 N 1st Ave；⊙周一至周五 8:30~17:30，周六 10:00~14:00；📶）位于城中心以北的火车站。

## 巴斯托到尼德尔斯

在40号州际公路东面离开巴斯托并在达盖特（Daggett，7号出口）出口下来，这里是加州检查站的所在地，对黑色风暴事件的难民来说，这里一度是个令人畏惧的地方。沿着A St街向北行驶，穿过铁轨并在Santa Fe St街向右转。刚过了杂货店之后，你会在左手边看见阴郁而摇摇欲坠的19世纪后期的**Daggett Stone Hotel**酒店，这里是如"死亡山谷"斯科蒂（Death Valley Scotty）这样的沙漠探险者们曾经居住过的酒店。

继续沿着Santa Fe St街前行，在第一个路口右拐，然后向左转上到National Trails公路继续向东行。

在经过40号州际公路桥不久之后，你就到了纽贝里斯普林斯（Newberry Springs），这里的**Bagdad Cafe**（☎760-257-3101；www.bagdadcafethereal.com；46548 National Trails Hwy；主菜 $6~12；⊙7:00~19:00）颇有年头，于20世纪50年代开始营业，是1987年的同名独立影片的主要拍摄地，片中明星是希·庞德（CCH Pounder）和杰克·帕兰斯（Jack Palance），这部影片当时在欧洲被顶礼膜拜。咖啡馆内部被海报、电影剧照和影迷留下的"时光记忆"塞得满满的。

National Trails公路和高速公路一起向南延伸，在Lavic穿过高速公路，并继续沿着40号州际公路的北面向东伸展。这段坑坑洼洼、破破烂烂的乡间道路是66号公路的延伸段，会穿行幽灵般的沙漠城镇。在Ludlow向右转到Crucero Rd路，再次穿过40号州际公路并向左重新回到公路上。

在经过Ludlow之后，66号公路偏离了高速公路并一路颠簸着经过鬼哭狼嚎的废墟——这形成了壮丽的地貌背景。仅有少数几个地标打破了无穷无尽的地平线，其中最有名的就是20世纪50年代的**Roy's Motel & Cafe**（这里有一个加油站和小商店）的店标，这里仍然保存完好，但已关门大吉。这里位于**安博伊火山口**（Amboy Crater）东面，是一个几乎完美对称的由火山灰烬形成的锥状山体，已沉寂了600多年。你可以从西面爬上去（不要试图在强风或夏季高温时这么做）。

在Essex之后，66号公路不再与National Trails公路并行，而是向北沿着Goffs Rd路穿过芬纳（Fenner），66号公路会在这里再次穿过40号州际公路。在格弗斯（Goffs），1914年传教士风格的单室**Goffs Schoolhouse**（☎760-733-4482；www.mdhca.org；37198 Lanfair Rd；欢迎捐赠；⊙周六及周日 通常 9:00~16:00）仍然是莫哈韦沙漠保存最为完好的历史定居点的一部分。

继续沿着Goffs Rd路（95号美国公路）到40号州际公路的东面，再沿着它来到**尼德尔斯**（Needles）。这里得名于附近的山的尖顶，是66号公路在到达亚利桑那州州界之前的最后一站，在《愤怒的葡萄》（*The Grapes of Wrath*）中，乔德（Joad）一家正是经由这里的老步道拱桥（Old Trails Arch Bridge）跨越了科罗拉多河（Colorado River）。

在J St街左转，并沿着J St街到达W Broadway，右转之后再左拐来到F St街，这条路最后会并入与火车铁轨平行的Front St街。经过老的四轮骡车站以及20世纪20年代的棕榈树汽车旅馆（Palm Motel）来到**El Garces**——这是一幢1908年的哈维房屋，这些年来一直在修复中。

# 美国自驾指南

这里有着完备的州际公路网络、热情洋溢的汽车文化以及令人叹为观止的景致，美国是一个十分理想的公路旅行目的地。

## 自驾速读

- **右边还是左边？** 靠右驾驶
- **法定驾车年龄** 16岁
- **最高车速限制** 在某些公路上为每小时70英里（约等于112.6公里）
- **最佳车尾贴纸** “沃尔药店（Wall Drug）到底在哪儿？”
- **最佳电台** 全国公共广播电台（National Public Radio，简称NPR）

## 驾驶执照及文件

外国游客可以持其本国驾照在美国驾车，合法期限最高为12个月。

中国不是联合国《日内瓦道路交通公约》和《维也纳道路交通公约》缔约国，因此国内没有机构可核发国际驾照（International Driving Permit，简称IDP），中国人如持国际驾照在美国使用，有可能遇到问题。

鉴于美国各州交通法规略有差异，中国驾照能否在美国使用因地而异。总体而言，西部各州均认可中国驾照，而东部则有部分州不予认可。详情可查阅各州官网或咨询当地汽车租赁公司。

使用中国驾照，需在出发前先到公证机构办理英文翻译公证件，与驾照配合使用。护照最好随身携带，以备不时之需。

## 保险

法律要求所有车辆都必须购买责任险，但各州对于最低覆盖范围的规定各有不同。租车时，核对一下你的旅行保险是否有覆盖相应的险种。如果都没有，则需为所租车辆另行购买责任险，费用约为每天$15。

车辆损失险，又称为碰撞损害免责险（Collision Damage Waiver，CDW）或损失损害免责险（Loss Damage Waiver，LDW），租车需每天为之额外支付$15~20。即使已经有了CDW/LDW，发生事故时也有可能需要你自行承担最高$500的维修费。如果没有CDW/LDW，为车损所支付的维修金额最高可能达到车辆总价。

如果用信用卡全额支付租车费用，有的信用卡会包括CDW/LDW。一旦发生事故，通常需要你先付款给租车公司，事后再向信用卡发卡机构寻求赔偿。大多数信用卡所包括的保险对于租车超过15天或者“特殊车型”无效（例如敞篷车、跑车和部分SUV）。

## 租车

想要自己租车的话，通常你需要达到至

## 公路旅行网站

### 汽车俱乐部

**美国汽车协会**(American Automobile Association; www.aaa.com)路边援助、旅行折扣、行程计划以及为会员准备的地图。

**Better World Club**(www.betterworldclub.com)美国汽车协会的替代，具有环保理念的俱乐部。

### 地图

**America's Byways**(http://byways.org)提供鼓舞人心的行程、地图以及风景区之旅的方位指南。

**Google Maps**(http://maps.google.com)驾驶路况指南，还带有预估交通延误功能。

### 路况及道路封闭情况

**美国交通部**(US Department of Transportation; www.fhwa.dot.gov/trafficinfo)提供各州以及当地路况、交通和天气情况的链接。

少25岁，拥有一张有效的驾照以及一张主流的信用卡，而不是支票或是借记卡。

## 车辆

在美国，可租的车型数之不尽，轿车中比较典型的有：经济型(economy)，紧凑型(compact)，中型(midsize)，标准型(standard)和大型(全尺寸，full size)；SUV车型如：紧凑型(compact)SUV，标准型(standard)SUV，大型(full size)SUV和豪华型(premium)SUV，尺寸和价格按顺序递增，其中豪华型SUV多指7座的SUV，适合4至5人自驾租用。

还有一些比较特别的车款，比如享受阳光的敞篷车(convertible)和感受大马力的美式肌肉车(一般归类在sports car内)。这两种车型较贵，而且可提供的门店也较少。想要租到心仪的车型，建议提早预订。

### 汽车

正常租车费用一般不会限制行驶里程，但若不止一位司机，则需支付附加费和单程租金。机场的租车公司可能底价更便宜，但附加费也更高。儿童和婴幼儿安全座椅是法定必备的，订车时记得同时预订安全座椅(每天 $10左右，或整个行程 $50)。

一些主要的租车公司提供混合动力的"绿色"车辆，或是可选择替代燃油的车辆，但是这些车会很紧俏。早早预订，当然，它们的费用也会高得多。许多公司出租带轮椅升降机的大篷车和手动挡车辆，不需额外费用，但同样须尽早预订。

国际租车公司在全国拥有数百家分店，包括以下这些：

**Alamo**(www.alamo.com)

**Avis**(www.avis.com)

**Budget**(www.budget.com)

**Dollar**(www.dollar.com)

**Enterprise**(www.enterprise.com)

**Fox**(www.foxrentacar.com)

**Hertz**(www.hertz.com)

**National**(www.nationalcar.com)

**Thrifty**(www.thrifty.com)

要查询当地的独立租车公司，可以查看：

**Car Rental Express**(www.carrentalexpress.com)查找独立的租车公司以及特别的车辆(如混合型)。

**Rent-a-Wreck**（www.rentawreck.com）经常出租给更年轻的驾驶者（至少18岁）以及没有信用卡的人，问问看关于长期租车的情况。

**Wheelchair Getaways**（www.wheelchairgetaways.com）在全国出租可供轮椅上下车的厢型车。

**Zipcar**（www.zipcar.com）在数十个城市里都有分支机构的车辆共享俱乐部，一些外国驾驶者也拥有会员资格。

如果你对不得取消的条款或租车公司并不介意的话，你可能会在在线旅行折扣供应商处找到更好的租车折扣，如**Priceline**（www.priceline.com）和**Hotwire**（www.hotwire.com）。

## 摩托车

租用摩托车的费用以及保险都非常昂贵，单程租车的附加费用则更是令人咋舌。租用3天或一周可能会有一些折扣。

全国性的租赁公司包括：

**Eagle Rider**（www.eaglerider.com）在超过25个州提供摩托车出租和团队游。

**Harley-Davidson**（www.harley-davidson.com）提供大量各地出租哈雷摩托车的店铺链接。

### 酒驾

法律规定驾驶者的血液酒精浓度限额为0.08%。针对“DUI”（受酒精或毒品影响的驾驶）的处罚很重，包括高额罚款、暂扣驾驶执照、要求出庭和/或拘留。

警察可能会在路边设立清醒度检查，以评估你是否饮酒或使用毒品。如果你没有通过，他们会要求你进行呼吸、尿液或血液测试，以确定你体内的毒品和酒精水平。拒绝接受测试将被视为已接受且未通过测试，并受到相应对待。

### 美国歌单

**(Get Your Kicks on) Route 66** Bobby Troup，由 Nat King Cole 伴奏

**I' ve Been Everywhere** Johnny Cash

**This Land Is Your Land** Woody Guthrie

**Born to Be Wild** Steppenwolf

**Runnin' Down a Dream** Tom Petty 和 the Heartbreakers

**Life Is a Highway** Tom Cochrane

## 房车和露营车

休闲式车辆（房车，也被称作旅宿车）很受公路旅行者们的欢迎，驾驶起来有些笨重，汽油的消耗量也很惊人。但是，它们的确一次性地解决了交通、住宿以及自炊厨房的需求。即便如此，国家公园以及风景区（如狭窄的山区道路）等许多地方仍然不允许房车驶入。

需要尽可能早地预订房车或更小型的露营车。租车的费用由车辆大小和型号决定，基础费用一般不包含里程、床具或厨房用具、车辆准备和清洁或额外的税费。如果允许带宠物，也许需要额外收费。

全国性的租车代理包括：

**Cruise America**（www.cruiseamerica.com）在全国各地拥有125家房车租车点。

**El Monte RV**（www.elmonterv.com）在超过25个州拥有房车租车服务。

**Happy Travel Campers**（www.camperusa.com）在洛杉矶、旧金山、拉斯维加斯和丹佛出租露营车。

**Jucy Rentals**（www.jucyrentals.com）在洛杉矶、旧金山、拉斯维加斯出租露营车。

## 穿越边境

中国旅行者凭美国签证可以进入墨西哥。如果你开车从加拿大或墨西哥进入美

## 行车答疑

**如果我的车辆抛锚了该怎么办？** 打开应急灯（双闪灯）并小心地将车停到路边。拨打路边应急求助热线给你的汽车俱乐部或租车公司。或者致电信息台（☎411）查询距离最近的拖车服务或汽车维修店的号码。

**如果我出了事故该怎么办？** 在保证安全的前提下，将车辆移出交通区到路肩处。对没有造成重大财产损失或身体损害的小碰撞，记得与另一位司机交换驾驶执照和汽车保险信息，然后向你的保险供应商提交报告或尽快通知你的租车公司。如果是较大的事故，致电 ☎911 并等候警察和紧急服务前来处理。

**如果我被警察拦下该怎么办？** 在没有被要求的情况下不要自行从车内出来。将双手放在警官能看见的地方（如方向盘上），一直保持谦逊有礼的态度。多数交通或停车违章的罚金都可以通过邮件或在线来处理，时限为 30 天。

**如果我的车被拖走了该怎么办？** 致电当地的非紧急类警方电话号码并咨询在何处取回你的车。拖车和保管费上升得很快，仅仅几个小时或一天的时间就可以达到数百美元，所以记得尽快解决。



国，请带上车辆的注册文件、相关责任险以及驾照。如果租用汽车或摩托车，需事先询问租车公司所租车辆是否可以跨越墨西哥或加拿大边境，只有部分租车公司允许他们的车辆穿过边境，而几乎没有租车公司会让你把车从美国开到墨西哥。

加拿大和美国的车险，一般都可以在两国通用。如果所携带文件齐备，那么自驾穿过美加边境通常又快又方便。偶尔，其中一国的相关部门会对某一辆车进行彻底搜查。不要慌张，礼貌配合即可。

通常来说，开车越过墨西哥边境给你带来的麻烦要多于便利。

## 地图

游客信息办公室和游客中心提供免费但通常信息较为简单的地图。GPS导航并非在所有地方都可靠，尤其是茂密的森林和偏远的山区、沙漠和峡谷地带。如果你正在计划进行一场需要长时间驾驶的行程，你可能需要一份更为详尽的折叠式公路地图或地图册，比如由**Rand McNally**（www.randmcnally.com）出版的那些。美国汽车协会（简称AAA）及其国际汽车俱乐部联盟（带上你国内的会员卡）的会员可以在AAA全国的各个分支办公室免费取用地图。

## 道路及路况

美国的公路并不总是由无瑕疵的柏油铺就的完美之路。一般来说，道路障碍包括坑洼、落石、塌方、洪水、浓雾、自由放养的牲畜和野生动物、工作日早上和下午的通勤交通拥堵，以及被科技、孩子和宠物分心，或者路怒驾驶者。

在一些冬季驾驶会是个问题的地方，可能需要准备雪地轮胎和轮胎链，尤其是在山区。理想状态下，自己准备好链条并在上路之前就学会如何使用。租车合同通常禁止越野或土路驾驶，而且在雨天时也可能会非常危险。

在一些城市地区，主要的公路、高速公路和桥梁要求交付过路费。某些时候过路费可以用现金（纸币或硬币）支付，但偶尔也需要使用一个电子感应器来支付。如果你并没有的话，你的车牌很有可能会被拍照，之后你会被罚款，且通常罚金很高。可以在取车时咨询一下这个问题，这样可以避免在还车时发现最终账单上有“惊喜”在等待着你。

## 交通规则

➡ 在道路的右手边驾驶。

- 在多数州，驾车时使用手机（移动电话）打电话或发信息都是违法行为。
- 根据法律，全美国都要求使用安全带和婴儿及儿童座椅，各州的具体规定有所不同。
- 多数州都强制要求戴摩托车头盔，这也一直是个不错的主意。
- 高承载车辆（简称HOV）的车道标志是一个钻石菱形，是为载有多位乘客的车辆预留的，不过有时该限制只在特定的标明时间段有效。
- 除非特别标明，公路上的车速限制通常为每小时55英里或65英里，城里的车速限制则为每小时25英里到35英里，在学校区域需要低至每小时15英里。当校车的车灯闪烁时超车是违法行为。
- 除了那些标志明令禁止的地方外，在红灯时完全停车之后右转通常是被允许的（一个众所周知的例外是纽约城）。不过，交叉路口的通行仍然遵循先到先行原则。
- 在四路停车标志（STOP）前，车辆依据到达顺序先到先行。若是两辆车同时到达，则右边的车辆先行。如果不太确定，可以礼貌地向另一位司机挥手示意他前行。
- 看到让行标志（Yield），一定要让非让行道路上的车辆先行通过，确认无车后再并入道路。
- 进入城镇时，记得要关掉远光灯，否则可能会被警察拦下检查。
- 在十字路口，除非特别标明，掉头应该是合法的，但这也取决于各州——比如说，不要在伊利诺伊州这样做。
- 当应急车辆从任何方向驶来时，小心地将车停到路边。
- 在许多州，车厢内禁止携带已经开启过的酒精饮料（甚至即使是空瓶）。除非酒瓶全满并且没有开封，否则请放于后备厢内。
- 多数州有严格的禁止吐痰的法律规定，从车内向外随意扔弃垃圾可能会招致$1000的罚款。此外，这对环境也是有害的。
- 在一些州，搭便车是违法的，在其余的州也有相应的限制。

## 停车

在小城镇和乡村地带有很多免费停车点，但城市里的停车位则既紧张又昂贵。城市停车计时器和集中的支付站通常接受硬币和信用/借记卡。在坏掉的计时器处停车一般是禁止的，即使允许的话，所标示的时间限制仍然有效。

当在街边停车时，请仔细阅读所有注明的规则和限制（如30分钟的时限，不允许在预定好的街道清扫时间段停车），并注意彩色的路边线，否则，你可能会被罚款并拖车。在许多城镇，在市中心地带以及为持有许可证的当地居民保留的特定区域，不允许在街边过夜停车。

在城市的停车库和停车场，费用至少为每小时$2，全天或隔夜停车则为$10至$45。酒店、餐厅、夜店等地的代客停车，通常收费为$5到$40。在收回车钥匙时，至少要给代客停车的服务生$2。

千万不要停在残疾人车位上，除非你想面临高额罚款。

## 燃料

到处都是加油站，除了国家公园、乡村地带和偏远地区（如山区、沙漠）。多数加油站都是自助式。

汽油以加仑为单位出售（1美制加仑等于3.78升）。全国各地普通汽油的平均价格为$3.15/加仑到$4.25/加仑。

大部分加油站都有便利店和厕所，有些加油站的厕所只供加油的客人使用，但当你有需要的时候，加油站可称得上是黑夜中的灯塔。

## 安全

在多数情况下，盗车、破窗而入和故意毁坏的行为只在城市区域会是个问题。确保车门锁好、车窗摇上并使用任何已经安装好的防盗装置（如车辆报警器、方向盘锁）。不要在车内留下任何可见的贵重物品，在到达目的地之前将它们放置在后备厢内，或者在停车后随身携带。

# 美国旅行指南



## 到达和离开

每一个进入美国的国外游客都需要持有护照。护照有效期必须比你在美国的预期停留时间至少长6个月。此外，如果你的护照不符合当前美国标准，还会在边境被勒令折返。

关于入境美国的签证要求，请参见“出行指南”部分的签证信息。一定记住，不论你的签证是怎么写的，美国入境处官员有绝对权力拒绝你入境。他们可能询问你的旅游计划，问你是否准备了足够的资金。把旅行线路列出来，出示下一程和返程的机票，至少持有一张主流信用卡，这些对你都会有所帮助。

### 飞机

美国有多个国际门户和国内枢纽机场，前往66号公路自驾，可以选择以下机场：

**芝加哥奥黑尔国际机场**（Chicago O' Hare International Airport，ORD；www.flychicago.com）

**洛杉矶国际机场**（Los Angeles International Airport，LAX；www.lawa.org）

**迈阿密国际机场**（Miami International Airport，MIA；www.miami-airport.com）

**旧金山国际机场**（San Francisco International Airport，SFO；www.flysfo.com）

如果你是乘坐飞机去美国，无论是否还要继续转机飞往下一个目的地，都要在着陆的第一个机场办理海关入境手续。一旦飞机降落，所有的国际游客务必在国土安全部（Department of Homeland Security）登记注册，进行指纹扫描和数码照相。

大部分中等规模或者更大的美国飞机场都有租车柜台，就在行李认领处旁边的抵达区内，大型国际公司会有职员在这里提供服务。通常路旁就有免费班车，把租车的顾客送往各公司的停车场，不论远近。

永远都要提前预订机场租车服务，以确保有车可用，还可以得到最低租车费用，最大限度缩短等待时间。也可以提前报名参加租车公司的奖励项目以节约时间和金钱。通常会员申请都是免费的，还可获得优先租车、免费升级等好处。

## 出行指南

### 签证

**警告**：以下所有信息都随时可能发生变化。美国准入要求会随着国家安全条例的变化而变化。在进入美国之前会对签证和护照进行双重检查。

**美国国务院**（US Department of State；http://travel.state.gov/visa）提供最全面的签证信息，有可下载的申请表、美国海外领事馆列表和每个国家的签证等候时间。

除了多数加拿大公民和那些来自“免签证计划”（Visa Waiver Program）成员国家或地区的公民，所有外国游客都需要向美国领事馆或大使馆处申请办理签证。多数申请人都必须亲自前往使领馆完成面试，面试时需随身携带所有相关文件和签证费缴费证明。等待面试的时间不一定，但是如果没有问题的话，面试后几天到几周内便可发放签证。

所持护照的有效期必须超过在美国预

## 实用指南

**吸烟** 大部分州都禁止在公共建筑内吸烟，包括飞机场、酒店、餐厅和酒吧。

**时间** 美国大陆有4个时区：东部时区（西五区）、中部时区（西六区）、山地时区（西七区）和太平洋时区（西八区）。夏令时（Daylight Saving Time，简称DST）是指除了印第安纳州和亚利桑那州的部分地区外，时钟拨快一小时，从3月的第二个星期日直到11月的第一个星期日适用。

**电视和光碟** 公共广播事务局（Public Broadcasting Service）；主要的有线电视台：ESPN（体育）、HBO（电影）、Weather Channel（天气）。DVD编码为1区（仅限美国和加拿大）。

**度量** 使用英制（Imperial system），唯一的例外是1美制加仑=0.83英制加仑。

计停留时间的6个月以上。申请签证需要一张近期照片（2英尺*2英寸），并支付$160不予退款的签证费，有些情况还要缴纳"签证发放对等费"（visa issuance reciprocity fee）。此外需在线填写一份DS-160非移民签证电子申请表（切勿找他人代填）。

中国大陆旅行者首次申请美国旅游签证（商务/旅游签证B1/B2），除了在线填写DS-160表格之外，还需尽量准备足够的证明，包括能够证明你经济稳定性和在本国有"不容割舍的责任"的证明（包括但不限于：收入证明、工作证明、纳税证明、银行卡流水、房产证等）。一份详细的旅游计划也会让你的签证申请过程更为顺利。首次签证需本人面试，续签如最近一份签证过期不足48个月，可申请免面签。详情可查阅chinese.usembassy-china.org.cn，需要特别注意的是，在申请免面签（续签）时，尽量重新拍摄一张证件照，以免增加不必要的麻烦。

目前，中国旅行者可申请的美国旅游签证有效期为10年（更换护照后依然有效），每次最长可停留180天。自2016年11月起，中国旅行者赴美还需通过签证更新电子系统（EVUS）来登记个人基本信息，每两年或更换新护照后更新一次即可。稳妥起见，建议在出行前至少一周完成登记。详情请见www.cbp.gov/EVUS。

建议计划游玩多个国家且中途才到美国的旅行者，最好在国内时就提前申请好签证并完成信息登记。

最常见的签证是非移民签证，B-1为商务用途型、B-2为旅游或探亲访友。旅行签证明令禁止在美打工。而最终能够在美国停留多少时间，是由美国移民部门在入境口岸当场决定的。

## 保险

在美国，生病、遭遇车祸或丢东西的代价是很高的。一定要在前往美国之前买好数额足够赔付损失的保险。要为可能会因为放在车里而被盗的物品投保，或者考虑购买旅行保险。

中国旅行者常常购买的旅游保险有：安联、中国平安和美亚。各家公司都会提供不同类别的保险项目，虽然申请美国签证时并不强制你购买旅游保险，但一份能涵盖各种状况的旅游保险是你旅行途中必不可少的保障。美亚的"万国游踪"旅游保险基本可以涵盖大部分状况（不包括跳伞和滑翔伞活动）。**Lonely Planet**（lonelyplanet.com/travel-insurance）网站的"保险"网页提供全球范围内的旅行保险。你可以随时购买、延期和要求理赔——即使你已经动身了。

## 使领馆

国际游客如果想和本国的驻美国大使馆取得联系，可以访问**Embassy.org**（www.embassy.org）。该网站列有华盛顿所有外国使馆的联系方式。多数国家也在纽约设有驻联合国大使馆。某些国家在其他大城市也设有领事馆，可在黄页中"领事馆"（Consulates）类别下查找，也可以借助当地查号电话查询。

**中国驻美国大使馆**（☎001-202-4952266；

us.china-embassy.org/chn/; 3505, International Place,N.W.,Washington D.C. 20008,U.S.A.)

**中国驻洛杉矶总领事馆**(☎001-213-8078088, 8078011; losangeles.china-consulate.org; 443 Shatto Place,Los Angeles,CA 90020,USA)

**中国驻旧金山总领事馆**(☎852-5900; china consul_san_us@mfa.gov.cn; sanfrancisco.china-consulate.org; 1450 Laguna ST. San Francisco, CA 94115, U.S.A)

**中国驻芝加哥总领事馆**(☎001-312-8030095; chinaconsul_chi_us@mfa.gov.cn; chicago.china-consulate.org; 100 West Erie Street,chicago,IL 60610,U.S.A.)

## 现金

本书所列价格单位均为美元，不包含州税和地方税，另有说明例外。大部分本地人都不会随身携带大量现金，日常消费依赖信用卡、自动柜员机、借记卡或支票。小店可能拒绝接受面额大于$20的现金或旅行支票。

银联借记卡可提取现金，花旗银行(Citibank)的柜员机对银联卡支持较好。除了你本国银行收取的费用外，可能会收取至少$2的交易费。使用信用卡从自动柜员机提取现金需要四位PIN码(银行发给客户的身份号码)，通常会收取数额不小的费用。先向你的信用卡公司咨询清楚。

信用卡通常到处都可以使用。提前在线预订或者电话预订往往需要信用卡。维萨(Visa)、万事达(MasterCard)和美国运通(American Express)卡最为通行。如果使用借记卡或者支票卡进行交易，可能会对你的账户造成较大影响，导致部分或者全部可用资金冻结，带来不便。

通过自动柜员机取款与在主要银行、机场货币兑换机、货币兑换处如**美国运通**(American Express; www.americanexpress.com)等处兑换现金的汇率通常是一样的。在城市以外或较大的市镇上兑换外币可能是个问题，所以要确保你手上有一张信用卡和足够的现金。

## 旅游信息

美国官方旅游局网站**发现美国**(Discover America; www.discoveramerica.com)对于计划行程帮助不大。更有用的是各州的综合性旅游网站，搜索一下就能找到。

任何值得观赏的区域或当地旅游部门都有一个网站，提供可下载的旅游指南。他们也接听电话，有的还能够帮助预订住宿，或者掌握着最新的房源清单。所有旅游局，包括州政府运营的公路欢迎中心，都提供大量的旅游小册子，附优惠券，有时还送行车地图。

许多城市有一个官方的会议及观光局(CVB)，相当于旅游局的两倍大，但是对于个人游客而言，作用微乎其微，因为它们的主要目的是吸引商贸。在热门的旅游地，一些打着"游客服务处"旗号的地方实际都是私营的，靠帮游客订房和报旅行团来赚取提成。

## 营业时间

本书中所涉及经营地点已全部列明营业时间。冬季或淡季可能相应缩短。

美国常规营业时间如下，其中会有些地区差异：

**银行** 周一至周五8:30~16:30，有一些周五至18:00且周六9:00~12:30

**酒吧** 周日至周四正午/17:00至午夜，部分周五、周六至次日2:00

**企业和政府机关** 周一至周五9:00~17:00

**夜店** 周四至周六22:00至次日2:00/4:00

**餐厅** 每日7:00~10:30、11:30~14:30、17:00~21:00，部分周五周六会延迟打烊

**商店** 周一至周六10:00~18:00，周日正午至17:00(购物中心关门较晚)

**超市** 每日8:00~20:00，部分24小时营业

## 节假日

在下列国定假日，银行、学校和政府机关(包括邮局)都会放假，博物馆、交通工具和其他服务行业根据周日时间表运营。假日

## 小费指南

小费是必须给的，除非服务恶劣至极。

**机场行李员和酒店行李员**（Airport skycaps & hotel porters）每件$2，每车最少$5。

**调酒师**（Bartenders）每单价格的10%~15%，每杯最低$1。

**酒店礼宾**（Hotel concierges）随便问问的话什么都不用给，要是对方能临时帮你预订到餐厅座位，或是搞到火爆的演出票，那可以给到$20。

**客房服务员**（Hotel housekeepers）每晚$2~5，把钱放在专用的卡片下面就行；如果你把房间弄得很乱，那就多给点儿。

**餐厅服务员**（Restaurant servers）账单总额的15%~20%，如果账单里已包含小费则不必另给。

**出租车司机**（Taxi drivers）计价器显示金额的10%~15%，零头补足为$1。

**代客泊车员**（Valet parking attendants）对方交回钥匙时付小费，最低$2。



如果正好跟周末重合，假期通常后延至下一个周一。

**新年**（New Year's Day）1月1日

**马丁·路德·金纪念日**（Martin Luther King Jr Day）1月第3个周一

**总统日**（Presidents' Day）2月第3个周一

**阵亡将士纪念日**（Memorial Day）5月最后一个周一

**独立日**（Independence Day）7月4日

**劳动节**（Labor Day）9月第1个周一

**哥伦布日**（Columbus Day）10月的第1个周一

**老兵节**（Veterans Day）11月11日

**感恩节**（Thanksgiving）11月第4个周四

**圣诞节**（Christmas）12月25日

春假通常在3月或4月的复活节前后，学校放假一到两周，很多家庭和结伴而行的大学生都拥往海滩度假区。暑假是6月到8月，这是美国最繁忙的旅游季。

## 住宿

精打细算的公路游客可以选择露营地、青年旅舍或汽车旅馆。汽车旅馆在高速公路和街道两边到处可见，而青年旅舍只在城市和一些受欢迎的度假胜地才比较常见。从免费的、简朴的荒野帐篷地，到配备着无线网络、有线电视网、全方位服务的房车营地，露营地的选择多种多样。

在价格中等的汽车旅馆和酒店，你可以找到干净、较宽敞的客房，附带独立卫生间、直拨电话、有线电视甚至咖啡机、迷你冰箱和微波炉。房费里如果包含了早餐的话，可能只是干巴巴的甜甜圈和清淡的咖啡，或者是有热食有冷食的自助早餐。无线网络（📶）通常免费，但是有时候速度较慢或信号较弱。可能会提供一台共享的联网电脑（@）供住客使用，通常放在大厅里。

高端酒店和奢华旅游胜地会提供更多的便利设施（比如游泳池、健身室、商业中心、餐厅和酒吧），有时你也可以欣赏它所在之地的优美环境或者是本身的前卫当代设计。额外的停车费、上网费和“度假酒店”费可能会让你的账单每天再多出$10~50。大多数房间里的标准配置都包括了空调（❄），但很多历史酒店、海边度假村或山区度假村例外。

民宿和旅馆更小更私密，也提供种类繁多的便利设施。尽管它们的独特设计风格可以让你从千篇一律的连锁酒店中解脱出来，但是房间里可能会没有电话、电视、网络和独立卫生间，也不一定供应早餐，就算它的全称是“住宿和早餐”。它们中的部分会在淡季歇业，很多不接纳小孩或宠物，几乎所有都要求提前预订。

### 房价及预订

通常来说，周中房价较低，除了市区里那些商务型酒店，它们反而是周末更便宜。本书中列出的房价通常适用于旺季，也就意味着大部分地区都是参考的夏季价格（6月至8月）。而在滑雪胜地和避冬的温暖地区，从11月底的感恩节到次年3、4月的春假期间才是房价的高峰。

在主要假日和特殊节庆日，由于需求激增，房价也会暴涨，一些酒店还会规定最低住宿天数。全年的假日、节日、周末乃至旺季的工作日，都需要提前预订房间。如果你用手机预订，提前问下取消政策，并索要一个预订确认号码。

如果你计划深夜到达，需要在到达日当天提前打个电话，确保前台为你保留房间。酒店通常会超额预约，但是如果你用信用卡担保了预订，他们无论如何都会安排你的住宿。在非高峰时间，没有预订而直接去住宿的顾客如果礼貌地讲讲价，也有可能得到优惠价。

即使汽车旅馆或者酒店的广告说“儿童住宿免费”，这也只是在孩子使用父母房间已有被褥的情况下才适用。加一张折叠床或儿童床可能会花费更多。

### 网络资源

**Airbnb**（www.airbnb.com）夜间公寓出租，转租各种品质的公寓和房间，风险自理。

**BedandBreakfast.com**（www.bedandbreakfast.com）在线民宿和旅馆指南，附带据用户评论和专业检查列出来的“钻石收藏”名单。

**Hostelling International USA**（www.hiusa.org）运营50多家青年旅舍，遍布全国（非会员每晚要多交$3）。

**Hostelz.com**（www.hostelz.com）搜索引擎，可在线预订和评论全国的独立青年旅舍。

**Hotel Coupons**（www.hotelcoupons.com）通过网页或手机应用程序获得汽车旅馆和酒店的折扣，折扣力度与在旅游局和公路休息区发放的免费小册子上的一样。

**Kampgrounds of America**（www.koa.com）涵盖全国400多处房车营地和露营地。

**Recreation.gov**（www.recreation.gov）可提前预订联邦游乐区露营地和小屋，包括国家公园和国家森林。

**ReserveAmerica**（www.reserveamerica.com）提前预订公共露营地和小屋，包括许多州立公园。

**Vacation Rentals by Owner**（www.vrbo.com）可以在假期租赁房屋、套房、公寓和其他住所，其中大部分是私人所有或经营的。

### 住宿价格范围

以下列出的是旺季里一间带卫生间的客房的价格，不含税，另有说明例外。

| | |
|---|---|
| **$** | 低于$100 |
| **$$** | $100~200 |
| **$$$** | 高于$200 |

## 就餐

在大多数的餐厅里，午餐比晚餐更随意，通常也更便宜，有时候只是晚餐价格的一半。一些美式小餐馆和咖啡馆全天提供早餐，部分24小时营业。周六和周日的周末早午餐通常从上午九十点的样子一直供应到下午。

除了高档餐厅会要求男士穿着有领圈的衬衣甚至外套之外，着装没有什么要求。在餐厅室内抽烟通常是违法的。再去室外露台或者路边餐桌抽烟之前，可以先问一下或者四处看看有没有烟灰缸。不要指望你的邻桌在吸了你的二手烟后还会很高兴。

许多餐厅允许外带酒水（BYOB，Bring Your Own Bottle），但可能收取$10~30的开瓶费。如果两位用餐者共享一份主菜，也有可能收取分盘附加费。通常素食主义者和对某些食物过敏或者忌口的顾客都能得到相应照顾，特别是在城区和热门度假地。

## 就餐价格范围

以下列出的是不含税和小费的主菜价格，除非另有说明。

| | |
|---|---|
| $ | 低于$10 |
| $$ | $10~20 |
| $$$ | 高于$20 |

可以带孩子们一道去休闲餐厅吃饭，那里经常提供儿童高脚椅、辅助餐椅和专门的儿童菜单等。见本书内的家庭友好图标(👪)。

## 电话

### 手机

在美国用手机打电话，你需要一款多频GSM手机。购买一张预付费充值SIM卡通常比使用你本国的网络更便宜，还能省去昂贵的国际漫游费。

SIM卡和便宜的无合约（预付费）手机在电信和百思买（Best Buy）等电器商店有售，已包含一定的通话时间。也可以在美国的各大入境机场购买可充值的SIM卡并租赁手机。

对于中国旅行者来说，如果你不打算"煲电话粥"，国内的三大主流移动运营商均支持在美国漫游通话。

### 拨打电话

- 美国的电话号码包括三位数区号和七位数的当地号码。
- 本地区通话只需拨打后七位数。如果不行，再试试拨打完整的十位数。
- 长途电话需先拨"1"，然后再加区号和当地号码。
- 免费电话开头都是800、866、877或888，拨打时须先拨"1"。
- 直拨国际长途需先拨"011"，再拨国家代码，再加上区号和当地号码。
- 如果你往美国打电话，记住美国的国家代码是1（加拿大的代码也是1，但是两国之间通话依然按国际电话收费）。

### 电话卡

如果没有预付费电话卡，尽量避免使用酒店、汽车旅馆的客房电话或公用电话打长途。电话卡在便利店、超市、报摊、电器店、大卖场均有售。一定要阅读隐性费用的那栏小铅字，比如"启动费用"、每通电话的"接拨费"以及公共电话附加费。**美国电话电报公司**（AT&T; www.att.com）出售可靠的电话卡，可以在美国各地使用。

## 健康指南

美国的医疗水平很高，但是费用贵得要命。许多医疗专家要求当场付费，特别是对非本市人和国际游客。

除了紧急医疗救护（这种情况下拨打911或者去最近的24小时医院急救室）外，可以多打几个电话咨询各诊所和医院，看看是否有一家愿意接受你的保险，是否可以提供紧急护理服务或者不必预约。

保留账单和保险理赔的所有收据和文件，过后再索要赔偿。一些有医疗福利的医疗保险（比如维护健康组织HMO）和旅行保险，会要求你在寻求帮助之前先通过电话获得预授权。

药房非常多，但是你可能会发现，一些在你的原籍国的柜台可以买到的药，在美国却需要处方单才行。而如果没有美国医疗保险，开处方会非常昂贵。记得携带一份列明你需要定期服用的所有药品（写明它们的通用药品名称）的处方信，需有医生的签名和日期。

## 重要号码

国家代码 ☎1
紧急情况（报警、火灾、救护车） ☎911
国际接入码 ☎011
国际接线员 ☎00
本地黄页服务 ☎411
本地接线员 ☎0
免费黄页服务 ☎800-555-1212

# 幕 后

## 说出你的想法

我们很重视旅行者的反馈——你的评价将鼓励我们前行，把书做得更好。我们同样热爱旅行的团队会认真阅读你的来信，无论表扬还是批评都很欢迎。虽然很难一一回复，但我们保证将你的反馈信息及时交到相关作者手中，使下一版更完美。我们也会在下一版特别鸣谢来信读者。

请把你的想法发送到 **china@lonelyplanet.com.au**，谢谢！

请注意：我们可能会将你的意见编辑、复制并整合到 Lonely Planet 的系列产品中，例如旅行指南、网站和数字产品。如果不希望书中出现自己的意见或不希望提及你的名字，请提前告知。请访问 lonelyplanet.com/privacy 了解我们的隐私政策。

## 声明

气象图表数据引用自Peel MC,Finlayson BL & McMahon TA（2007）'Updated World Map of the Köppen-Geiger Climate Classification'，*Hydrology and Earth System Sciences*,11,163344.

封面图片：新墨西哥州拉古纳，1957年款福特T-Bird汽车，Car Culture/Getty；封底图片：圣莫尼卡码头，Verity E. Mulligan/Getty。

本书部分地图由中国地图出版社提供，其他为原书地图，审图号GS（2016）1724号。

## 关于本书

这是Lonely Planet《美国66号公路自驾》的第1版。本书的作者为卡拉·兹默尔曼、艾米·波福尔和纳特·卡瓦列里。

本书为中文第一版，由以下人员制作完成：


**项目负责** 关媛媛

**内容统筹** 谭川遥

**翻译统筹** 肖斌斌 邹 云

**翻　　译** 钟 奕

**内容策划** 张文颖 刘维佳

**视觉设计** 李小棠 庹桢珍

**协调调度** 丁立松 高 原 富晓敏

**责任编辑** 喻 乐

**地图编辑** 马 珊

**地图制图** 田 越

**流　　程** 孙经纬

**终　　审** 朱 萌

**排　　版** 北京梧桐影电脑科技公司

感谢郭红斌、潘英、罗霄山、乔爽为本书提供的帮助。

# 索引



**000** 地图页码
**000** 图片页码

## H



## I



## K



## L



## M



## N



索引 G-M

**000** 地图页码
**000** 图片页码

# 我们的作者

## 我们的故事

一辆破旧的老汽车，一点点钱，一份冒险的感觉——1972年，当托尼（Tony Wheeler）和莫琳（Maureen Wheeler）夫妇踏上那趟决定他们人生的旅程时，这就是全部的行头。他们穿越欧亚大陆，历时数月到达澳大利亚。旅途结束时，风尘仆仆的两人灵机一闪，在厨房的餐桌上制作完成了他们的第一本旅行指南——《便宜走亚洲》（*Across Asia on the Cheap*）。仅仅一周时间，销量就达到了1500本。Lonely Planet从此诞生。

现在，Lonely Planet在墨尔本、伦敦、奥克兰、德里和北京都设有公司，有超过600名员工及作者。在中国，Lonely Planet被称为“孤独星球”。我们恪守托尼的信条：“一本好的旅行指南应该做好三件事：有用、有意义和有趣。”

### 卡拉·兹默尔曼（KARLA ZIMMERMAN）

卡拉一直生活在美国中西部，对这一地区的海滩、棒球场、自酿酒吧和馅饼店了如指掌。她如果不在芝加哥的家中观看小熊队比赛（或是为杂志、网络和书籍写作），那她一定是在探索世界的路上。卡拉已经为Lonely Planet写了数本指南，包括美国、加拿大、加勒比和欧洲。

### 纳特·卡瓦列里（NATE CAVALIERI）

纳特·卡瓦列里在密歇根州乡下出生、长大，是Lonely Planet美国、中美洲和加勒比等指南的作者，从事音乐方面的创作，还为职业自行车运动维护着几个推特账户。他住在奥克兰，可以通过www.natecavalieri.com找到他的行踪。

### 艾米·波福尔（AMY BALFOUR）

艾米是超过15本Lonely Planet书籍的作者或联合作者，还著有《背包客》（*Backpacker*）、《与瑞切尔-雷的每一天》（*Every Day with Rachael Ray*）、《红皮书》（*Redbook*）、《南部生活》（*Southern Living*）和《女性健康》（*Women's Health*）。

# 美国66号公路自驾

**中文第一版**

书名原文：*Route 66 Road Trips*（1st edition，May 2015）

本中文版由中国地图出版社出版



图书在版编目（CIP）数据

美国 66 号公路自驾 / 澳大利亚 LonelyPlanet 公司编；钟奕译 . -- 北京：中国地图出版社，2016.8

书名原文：Route 66 Road Trips

ISBN 978-7-5031-9398-9

Ⅰ . ①美… Ⅱ . ①澳… ②钟… Ⅲ . ①旅游指南 – 美国 Ⅳ . ① K971.29

中国版本图书馆 CIP 数据核字（2016）第 184126 号

| | |
|---|---|
| 出版发行 | 中国地图出版社 |
| 社　　址 | 北京市白纸坊西街 3 号 |
| 邮政编码 | 100054 |
| 网　　址 | www.sinomaps.com |
| 印　　刷 | 北京华联印刷有限公司 |
| 经　　销 | 新华书店 |
| 成品规格 | 197mm × 128mm |
| 印　　张 | 4.75 |
| 字　　数 | 231 千字 |
| 版　　次 | 2016 年 8 月第 1 版 |
| 印　　次 | 2016 年 8 月北京第 1 次印刷 |
| 定　　价 | 49.00 元 |
| 书　　号 | ISBN 978-7-5031-9398-9 |
| 审 图 号 | GS（2016）1724 号 |
| 图　　字 | 01-2016-2132 |

如有印装质量问题，请与我社发行部（010-83543956）联系